“四史”知识学习题库

SISHI ZHISHI XUEXITIKU

本书编写组◎编

中国工人出版社

图书在版编目（CIP）数据

“四史”知识学习题库 / “四史”知识学习题库编写组编.
-- 北京：中国工人出版社，2020.11
ISBN 978-7-5008-7557-4

Ⅰ.①四… Ⅱ.①四… Ⅲ.①中国历史－现代史－学习参考资料
Ⅳ.①K27

中国版本图书馆CIP数据核字（2020）第227339号

“四史”知识学习题库

出 版 人　王娇萍
责任编辑　王　薇　许小凡
责任印制　栾征宇
出版发行　中国工人出版社
地　　址　北京市东城区鼓楼外大街45号　邮编：100120
网　　址　http://www.wp-china.com
电　　话　（010）62005043（总编室）
　　　　　（010）62005039（印制管理中心）
　　　　　（010）82075935（工会与劳动关系分社）
发行热线　（010）62005996　82029051
经　　销　各地书店
印　　刷　北京市密东印刷有限公司
开　　本　880毫米×1230毫米　1/32
印　　张　4.375
字　　数　80千字
版　　次　2021年1月第1版　2021年3月第3次印刷
定　　价　28.00元

前言

历史是最好的教科书，也是最好的清醒剂。2020年1月8日，习近平总书记在“不忘初心、牢记使命”主题教育总结大会上的讲话中指出：“要把学习贯彻党的创新理论作为思想武装的重中之重，同学习马克思主义基本原理贯通起来，同学习党史、新中国史、改革开放史、社会主义发展史结合起来，同新时代我们进行伟大斗争、建设伟大工程、推进伟大事业、实现伟大梦想的丰富实践联系起来，在学懂弄通做实上下苦功夫，在解放思想中统一思想，在深化认识中提高认识，切实增强贯彻落实的思想自觉和行动自觉。”欲明大道，必先知史。历史是一个民族、一个国家形成、发展及其盛衰兴亡的真实记录，是前人的百科全书。

本书以党史、新中国史、改革开放史、社会主义发展史理论知识为主要内容，用选择题答题形式进行编写，共分为党史答题篇、新中国史答题篇、改革开放史答题篇、社会主义发展史答题篇、知识延伸、参考答案、模拟卷七个部分。前四部分每部分由100道题目组成，依次为党史、新中国史、改革开放史、社会主义发展史即“四史”的基本理论内容和主要知识点；第五部分“知识延伸”精选100道工运史题目，便于工会干部与广大职工加深对工运史的学习和了解；第六部分与第七部分为“参考答案”和“模拟卷”。

本书采取纸质答题和线上答题相结合的方式，配以线上答题二维码，通过扫描二维码，可以在“全国产业工人学习社区”平台的“答题闯关”模块选择“主题闯关”进行线上答题，更加丰富对“四史”知识的学习形式。同时，线上答题可以积累答题经验值并实现线上答题排名，还可以生成“闯关记录”和“错题回顾”，在“答题竞赛”中实现对“四史”知识的掌握。

目录

CONTENTS

党史答题篇

扫码闯关答题

单 1. 中国共产党成立于（　）。

A. 1922 年　　B. 1920 年

C. 1921 年　　D. 1919 年

单 2. 五四运动的历史意义在于（　）。

A. 标志着中国现代化史的开端

B. 促进了马克思主义和中国工人运动的结合

C. 标志着中国共产党的创建

D. 标志着中国近代革命的开始

单 3. 1921 年（　），党的一大在上海开幕，最后一天的会议转移到浙江嘉兴南湖举行。

A. 6 月 20 日　　B. 7 月 1 日

C. 7 月 23 日　　D. 8 月 10 日

单 4. 中国共产党的第一任总书记是（　）。

A. 李大钊　　B. 毛泽东

C. 陈独秀　　D. 董必武

单 5. 南昌起义、秋收起义、广州起义给我党最深刻的历史经验是（　）。

A. 必须武装反对国民党反动派

B. 必须建立人民军队

C. 必须走农村包围城市的道路

D. 必须建立国民统一战线

单 6. 第一个在中国传播马克思主义的先进分子是（　　）。

A. 陈独秀　　B. 鲁迅

C. 李大钊　　D. 毛泽东

单 7. 中国共产党第一次独立自主地运用马克思主义原理解决自己的路线、方针、政策的会议是（　　）。

A. 中共一大　　B. 遵义会议

C. 中共八大　　D. 十一届三中全会

单 8. 中国革命的三大法宝不包括（　　）。

A. 统一战线　　B. 武装斗争

C. 党的建设　　D. 作风建设

单 9. 1927 年 8 月 1 日，周恩来等领导（　　），打响了武装反抗国民党反动派的第一枪。

A. 秋收起义　　B. 广州起义

C. 南昌起义　　D. 右江起义

单 10.（　　）是中国共产党于 1927 年在上海创办的理论性机关刊物。

A.《新青年》　　B.《共产党》

C.《先驱》　　D.《布尔塞维克》

单 11. 1927 年 8 月，党在八七会议上确定了（　）的方针。

A. 建立革命军队　　B. 土地革命和武装起义

C. 建立革命根据地　　D. 组织城市工人斗争

单 12. 我们党的最大政治优势是密切联系群众，党执政后的最大危险是（　）。党风问题、党同人民群众联系问题是关系党生死存亡的问题。

A. 脱离群众　　B. 骄傲自满

C. 形式主义　　D. 经验主义

单 13. 中共六大后的两年间，中共中央积极整顿党组织，帮助各省一个一个地恢复组织，并把（　）当作组织上的中心口号。

A. 深入基层　　B. 深入群众

C. 发展党员　　D. 发动农民

单 14. 1931 年 11 月，中国共产党在江西（　）召开中华苏维埃第一次代表大会，成立了中华苏维埃共和国临时中央政府。

A. 井冈山　　B. 瑞金

C. 南昌　　D. 于都

单 15. 中国共产党始终坚持（　）这一根本组织原则和领导制度。

A. 地方服从中央　　B. 下级服从上级

C. 少数服从多数　　　　D. 民主集中制

单 16. 第一次国共合作正式建立的标志是（　）。

A. 国民党第一次全国代表大会的召开

B. 中共三大的召开

C. 黄埔军校的建立

D. 北伐战争的开始

单 17. 大革命战争时期实行第一次国共合作、建立革命统一战线是在（　）上提出的。

A. 党的第一次全国代表大会

B. 党的第二次全国代表大会

C. 党的第三次全国代表大会

D. 党的第四次全国代表大会

单 18. 由大革命失败到进入土地革命战争的一个历史转折点的标志是（　）。

A. 八七会议　　　　B. 遵义会议

C. 中共四大　　　　D. 中共五大

单 19.（　）于 1934 年 10 月 10 日由江西的瑞金等地出发，1935 年 10 月 19 日到达陕西的吴起镇，行程达二万五千里。

A. 红一方面军　　　　B. 红二方面军

C. 红四方面军　　　　D. 红二十五军

单 20. 1934 年 10 月，第（　）次反围剿失败后，中央主力红军为摆脱国民党军队的包围追击，被迫实行战略性转移，退出中央根据地，进行长征。

A. 二　　B. 三

C. 四　　D. 五

单 21. 1935 年 12 月，党中央在（　）上提出了抗日民族统一战线的政策。

A. 八七会议　　B. 洛川会议

C. 瓦窑堡会议　　D. 十二月会议

单 22. 在《反对本本主义》这篇文章中，毛泽东提出的著名论断是（　）。

A. 没有调查，没有发言权

B. 思想政治工作是一切工作的生命线

C. 枪杆子里面出政权

D. 马克思主义必须中国化

单 23. 中国共产党的根本宗旨和一切工作的根本出发点是（　）。

A. 一切为了群众，全心全意为人民服务

B. 实事求是

C. 批评与自我批评

D. 理论联系实际

单 24. 党的工作重心由乡村转移到城市的决定是在党的（　）

上作出的。

A. 七大　　B. 七届二中全会

C. 七届三中全会　　D. 七届四中全会

单 25. 中国第一个农村革命根据地是（　）。

A. 井冈山　　B. 左右江

C. 湘赣　　D. 闽浙赣

单 26. 我党提出全面抗战路线的会议是（　）。

A. 遵义会议　　B. 洛川会议

C. 瓦窑堡会议　　D. 党的七届二中全会

单 27. 国共两党实现第二次合作的标志是（　）。

A. 西安事变的和平解决

B. 八一三事变后国民政府发表自卫声明

C. 红军改编为国民革命军

D. 国民党公布《中共中央为公布国共合作宣言》并发表蒋介石谈话

单 28. 第一次明确提出彻底的反帝反封建民主革命纲领的会议是（　）。

A. 中共一大　　B. 中共二大

C. 中共三大　　D. 中共四大

单 29. 20 世纪初期，（　）两大中外政治事件促进了中国共产党的诞生。

A. 1911 年辛亥革命、1919 年共产国际成立

B. 1917 年俄国十月革命的胜利、1919 年五四运动

C. 1921 年中国共产党第一次代表大会、1924 年列宁逝世

D. 1911 年辛亥革命、1919 年五四运动

单 30. 抗日战争时期，为解决经济上的困难，党在解放区领导了（　）。

A. 延安整风运动　　B. 大生产运动

C. 三三制政权建设运动　　D. 打土豪分田地运动

单 31.（　）是党的根本性建设。

A. 文化建设　　B. 社会建设

C. 政治建设　　D. 经济建设

单 32. 把发展问题同党的性质、党的（　）联系起来，明确提出发展是我们党执政兴国的第一要务。

A. 路线　　B. 政策

C. 执政理念　　D. 方针

单 33. 中国共产党是中国工人阶级的先锋队，同时是中国人民和（　）的先锋队，是中国特色社会主义事业的领导核心，代表中国先进生产力的发展要求，代表中国先进文化的前进方向，代表中国最广大人民的根本利益。

A. 新社会阶层　　B. 中华民族

C. 知识分子　　D. 农民阶级

单 34. 党的七大是中国共产党在民主革命时期召开的极其重要的一次代表大会。它的一个重大历史性贡献是确立（　）为党的指导思想并写入党章。

A. 马克思列宁主义　　B. 毛泽东思想

C. 邓小平理论　　D.“三个代表”重要思想

单 35. 中国共产党人建立苏维埃政权的首次尝试出现在（　）。

A. 南昌起义

B. 秋收起义

C. 广州起义

D. 中华苏维埃共和国第一次全国代表大会

单 36. 反对（　）以整顿学风，是 1942 年开始的全党整风运动的中心内容。

A. 封建主义　　B. 自由主义

C. 主观主义　　D. 官僚主义

单 37. 中国翻译《共产党宣言》的第一人是（　）。

A. 毛泽东　　B. 李大钊

C. 陈望道　　D. 陈独秀

单 38.（　）总结了第五次反围剿以来的经验和教训，集中全力解决当时具有决定意义的军事问题和组织问题。

A. 芦花会议　　B. 沙窝会议

C. 黎平会议　　D. 遵义会议

单 39. 坚定理想信念是党的建设的（ ）。

A. 目标　　B. 根基

C. 灵魂　　D. 方向

单 40.（ ）是夺取革命、建设、改革事业胜利的重要法宝。

A. 武装斗争　　B. 统一战线

C. 党的领导　　D. 群众路线

单 41. 中华人民共和国成立时，中国共产党党员人数约为（ ）。

A. 450 万　　B. 340 万

C. 500 万　　D. 600 万

单 42. 1945 年 8 月 26 日，《中共中央关于同国民党进行和平谈判的通知》提出（ ）三大口号。

A. 和平、民主、进步　　B. 和平、民主、团结

C. 独立、自由、民主　　D. 民主、自由、富强

单 43. 中国共产党人的初心和使命是（ ）。

A. 全心全意为人民服务

B. 建设社会主义现代化强国

C. 为中国人民谋幸福，为中华民族谋复兴

D. 实现中华民族伟大复兴的中国梦

单 44.（ ）是毛泽东思想的灵魂中最具特色、最根本的原则，是毛泽东思想的出发点、根本点。

A. 独立自主　　B. 解放思想

C. 与时俱进　　D. 实事求是

单 45. 为了正确处理民族关系，党制定和实施了（　）。

A. 各民族共同发展繁荣政策　B. 人民代表大会制度

C. 民族区域自治制度　　D. 基层群众自治制度

单 46. 中国共产党在新中国成立初期所面临的主要任务是（　）。

A. 对资本主义工商业进行社会主义改造

B. 恢复国民经济

C. 进行现代化建设

D. 镇压反革命

单 47. 党的第一代中央领导集体带领全党全国各族人民（　）。

A. 完成了新民主主义革命，进行了社会主义建设，确立了中国特色社会主义制度

B. 完成了新民主主义革命，进行了社会主义改造，确立了社会主义基本制度

C. 完成了新民主主义革命，进行了社会主义改造，确立了新民主主义基本制度

D. 完成了新民主主义革命，进行了社会主义建设，确立了社会主义基本制度

单 48. 十一届三中全会确立了把党的工作重心转移到（　）上来，开创了社会主义现代化建设新局面。

A. 政治建设　　B. 经济建设

C. 文化建设　　D. 社会建设

单 49. 中国实行的政党制度是（　），它既不同于西方国家的两党或多党制，也有别于当时其他社会主义国家实行的一党制。

A. 中国共产党领导的多党合作和政治协商制度

B. 多党合作制度

C. 政治协商制度

D. 人民代表大会制度

单 50. 1982 年，（　）召开，邓小平正式提出了“建设有中国特色的社会主义”的新命题。

A. 党的十二大　　B. 十二届三中全会

C. 党的十三大　　D. 党的十四大

单 51. 党的第（　）全国代表大会阐明当代中国正处在社会主义初级阶段。

A. 十二次　　B. 十三次

C. 十四次　　D. 十五次

单 52.（　）提出，建立社会主义市场经济体制。

A. 党的十三大　　B. 党的十四大

C. 党的十五大　　D. 党的十六大

单 53. 1987 年，党的（　）提出了“一个中心，两个基本点”。

A. 十二大　　B. 十三大

C. 十四大　　D. 十五大

单 54. 党的十五大报告指出，(　　) 控制国民经济命脉，对经济发展起主导作用。

A. 国有经济　　B. 集体经济

C. 非公有制经济　　D. 混合所有制经济

单 55. 1997 年 9 月，党的十五大在北京举行。党的十五大主题是 (　　)。

A. 高举邓小平理论伟大旗帜，把建设有中国特色社会主义事业全面推向 21 世纪

B. 研究并确定跨世纪宏伟目标

C. 认真总结改革开放以来的重要历史经验

D. 研究如何加强党的建设

单 56. 党在社会主义初级阶段基本路线的核心是 (　　)。

A. 以经济建设为核心

B. 坚持四项基本原则、坚持发展改革开放

C. “一个中心、两个基本点”

D. 发展

单 57. 党的十六大以来，中央提出了 (　　) 是第一资源的理念。

A. 科技　　B. 信息

C. 人才　　D. 数据

单 58. 全面建设小康社会的奋斗目标，是在 (　　) 提出来的。

A. 党的十五大　　B. 党的十六大

C. 党的十七大　　D. 党的十八大

单 59. 党的十六届四中全会在党的历史上第一次做出了（　）。

A. 密切联系群众的决定

B. 加强党的作风建设的决定

C. 加强党的执政能力建设的决定

D. 社会革命的理论

单 60. 党的十七大一致同意将（　）写入党章。

A. 科学发展观

B.“三个代表”重要思想

C. 邓小平理论

D. 爱祖国、爱人民、爱社会主义

单 61.（　）对党章进行了修改，把中国特色社会主义理论体系写入党章。

A. 党的十四大　　B. 党的十五大

C. 党的十六大　　D. 党的十七大

单 62. 党的十七大把（　）四位一体的中国特色社会主义事业总体布局写入党章。

A. 经济建设、政治建设、文化建设、社会建设

B. 民主法治、公平正义、诚信友爱、充满活力

C. 立党为公、执政为民、科学执政、民主执政

D. 城乡发展、区域发展、经济社会发展、人与自然和谐发展

单 63. 党的十八大报告指出，十年来，我们取得了一系列新的历史性成就，为全面建成小康社会打下了坚实基础。我国经济总量从世界第六位跃升到（　），社会生产力、经济实力、科技实力迈上一个大台阶。

A. 第二位　　B. 第三位

C. 第四位　　D. 第五位

单 64. 党的十八大是在我国进入（　）决定性阶段召开的一次十分重要的大会。

A. 实现社会主义现代化

B. 全面构建社会主义和谐社会

C. 全面建设小康社会

D. 全面建成小康社会

单 65. 按照（　）、完全平等、互相尊重、互不干涉内部事务的原则，发展我党同各国共产党和其他政党的关系。

A. 和平共处　　B. 互相支持

C. 共同协商　　D. 独立自主

单 66. 中国共产党第十八届三中全会的中心议题是（　）。

A. 坚决反对腐败　　B. 以经济建设为中心

C. 全面深化改革　　D. 深化改革开放

单 67.（　）提出，扩大中等收入者比重，努力缩小城乡、区

域、行业收入分配差距，逐步形成橄榄型分配格局。

A. 党的十八大

B. 十八届三中全会

C. 中央财经领导小组第十三次会议

D. 党的十九大

单 68. 党的十九大报告指出，经过长期努力，中国特色社会主义进入了（ ），这是我国发展新的历史方位。

A. 新时代 B. 决胜期

C. 交汇期 D. 攻坚期

单 69. 党的十九大报告提出，（ ）问题是关系国计民生的根本性问题。

A. 农业农村农民

B. 建设现代化经济体系

C. 建设创新型国家

D. 实施区域协调发展战略

单 70. 党的十九大报告指出：强化（ ）的震慑，扎牢（ ）的笼子，增强（ ）的自觉，通过不懈努力换来海晏河清、朗朗乾坤。

A. 不想腐；不能腐；不敢腐

B. 不敢腐；不想腐；不能腐

C. 不能腐；不敢腐；不想腐

D. 不敢腐；不能腐；不想腐

单 71. 党的十九大报告首次提出了实施（　　）的新战略，并将其作为决胜全面建成小康社会、全面建设社会主义现代化强国的七大国家战略之一。

A. 创新驱动发展　　B. 区域协调发展

C. 人才强国　　D. 乡村振兴

单 72. 党的十九大报告指出，从二〇二〇年到二〇三五年，在全面建成小康社会的基础上，再奋斗十五年，（　　）实现社会主义现代化。

A. 全部　　B. 全面

C. 部分　　D. 基本

单 73. 党的十九大报告提出，完善（　　）和培训体系，深化产教融合、校企合作。

A. 职业教育　　B. 成人教育

C. 大学教育　　D. 网络教育

单 74. 党的十九大报告提出，办好继续教育，加快建设（　　）社会，大力提高国民素质。

A. 创新型　　B. 开放型

C. 建设型　　D. 学习型

单 75. 党的十九大报告指出，在基本实现现代化的基础上，再奋斗十五年，把我国建成（　　）。

A. 富强民主文明和谐的社会主义现代化强国

B. 富强民主文明和谐的社会主义现代化国家

C. 富强民主文明和谐美丽的社会主义现代化强国

D. 富强民主文明和谐美丽的社会主义现代化国家

单 76. 党的十九大报告指出，从现在到二〇二〇年，是（　）决胜期。

A. 全面深化改革　　B. 全面依法治国

C. 全面建成小康社会　　D. 全面从严治党

单 77. 党的十九届四中全会公报指出，我国国家治理体系和治理能力是中国特色社会主义制度及其（　）的集中体现。

A. 整合力　　B. 吸纳力

C. 行动力　　D. 执行能力

多 78. 1921 至 1949 年，中国共产党的主要任务是推翻（　）的统治。

A. 帝国主义　　B. 封建主义

C. 资本主义　　D. 官僚资本主义

多 79. 中国共产党 28 年的民主革命史以党中央所在地为线索，分为（　）。

A. 上海时期　　B. 井冈山时期

C. 延安时期　　D. 西柏坡时期

多 80. 下列名言中，体现了毛泽东的军事思想的有（　）。

A. 枪杆子里面出政权

B. 星星之火，可以燎原

C. 一切反动派都是纸老虎

D. 发展才是硬道理

多 81. 四项基本原则同以经济建设为中心和改革开放一起，构成了党的基本路线的基本内容，四项基本原则包括（　）。

A. 坚持社会主义道路

B. 坚持无产阶级专政

C. 坚持共产党的领导

D. 坚持马列主义、毛泽东思想

多 82. 被称为中国共产党历史上两个伟大转折点的是（　）。

A. 八七会议　　B. 遵义会议

C. 十一届三中全会　　D. 八届二中全会

多 83. 40 多年的实践发展充分证明，十一届三中全会以来我们党团结带领全国各族人民开辟的中国特色社会主义（　）是完全正确的。

A. 道路　　B. 理论

C. 制度　　D. 文化

多 84. 党的十一届三中全会以来，以邓小平为主要代表的中国共产党人初步回答的首要基本理论问题是（　）。

A. 什么是社会主义　　B. 怎样建设社会主义

C. 建设什么样的党　　　　　　D. 怎样建设党

多 85. 科学发展观体现了中国共产党对客观规律认识的进一步深化，这些规律包括（　）。

A. 共产党执政规律　　　　　　B. 社会主义建设规律

C. 人类社会发展规律　　　　　D. 自然辩证法规律

多 86. 发展之所以成为中国共产党执政兴国的第一要务，是因为（　）。

A. 发展是坚持党的先进性的要求

B. 发展决定着中国的前途和命运

C. 发展是社会主义本质的要求

D. 发展是实现全面建设小康社会目标的要求

多 87. 党要实现的三大历史任务是（　）。

A. 全面建成小康社会

B. 完成祖国统一

C. 维护世界和平与促进共同发展

D. 推进现代化建设

多 88. 党的十九大报告指出，从现在到二〇二〇年，是全面建成小康社会决胜期，我们要坚定实施（　）。

A. 科教兴国战略

B. 创新驱动发展战略

C. 乡村振兴战略

D. 军民融合发展战略

多 89. 党的十九大报告提出要“打造（　　）的社会治理格局”。

A. 公平　　B. 共建

C. 共治　　D. 共享

多 90. 党的十九大报告指出，坚持在发展中保障和改善民生，要在（　　）、老有所养、住有所居、弱有所扶上不断取得新进展。

A. 幼有所育　　B. 学有所教

C. 劳有所得　　D. 病有所医

多 91. 党的十九大报告提出“提高社会治理（　　）水平”的新要求。

A. 社会化　　B. 法治化

C. 智能化　　D. 专业化

多 92. 新时代党的建设总要求中提到的“两个坚持”是（　　）。

A. 坚持和加强党的全面领导

B. 坚持党要管党、全面从严治党

C. 坚持社会主义

D. 坚持改革开放

多 93. 党的十九大报告指出，中国共产党人的初心和使命，就是（　　）。

A. 为中国人民谋幸福　　B. 为中华民族谋复兴

C. 为世界人民谋幸福　　　　D. 为世界人民谋复兴

多 94.“四个意识”指的是（　　）。

A. 政治意识　　　　B. 大局意识

C. 核心意识　　　　D. 看齐意识

多 95. 党的十九大报告指出，世界正处于大发展大变革大调整时期，（　　）仍然是时代主题。

A. 冲突　　　　B. 和平

C. 发展　　　　D. 霸权主义

多 96.“红船精神”即（　　）。

A. 开天辟地、敢为人先的首创精神

B. 坚定理想、百折不挠的奋斗精神

C. 立党为公、忠诚为民的奉献精神

D. 铁面无私、秉公执法的法治精神

多 97. 中国共产党的三大优良作风是（　　）。

A. 理论联系实际

B. 密切联系群众

C. 批评与自我批评

D. 实事求是

多 98.（　　）是我们立党、兴党、强党的根本所在。

A. 优良传统　　　　B. 廉洁奉公

C. 执政为民　　　　D. 作风严谨

多 99. 十九届四中全会《决定》指出，坚持和完善中国特色社会主义法治体系，提高党依法治国、依法执政能力。其中部署了（　）。

A. 健全保证宪法全面实施的体制机制

B. 完善立法体制机制

C. 健全社会公平正义法治保障制度

D. 加强对法律实施的监督

多 100. 十九届四中全会《决定》指出，我国国家制度和国家治理体系具有多方面的显著优势。这些显著优势，是我们坚定中国特色社会主义（　）的基本依据。

A. 道路自信　　B. 理论自信

C. 制度自信　　D. 文化自信

新中国史答题篇

扫码闯关答题

单 1. 1919 年 5 月，（ ）在《新青年》发表《我的马克思主义观》，系统地介绍了马克思主义。

A. 陈独秀　　B. 李大钊

C. 毛泽东　　D. 邓中夏

单 2. 1919 年 5 月 4 日，五四爱国运动爆发的直接导火索是（ ）。

A. 巴黎和会上中国外交的失败

B. 日本制造“济南惨案”

C. 日本出兵占领青岛

D.《凡尔赛和约》的签订

单 3.《新青年》杂志的创办者是（ ）。

A. 李大钊　　B. 鲁迅

C. 陈独秀　　D. 杨匏安

单 4. 新文化运动的两大口号是（ ）。

A. 民主和科学　　B. 新道德和新文学

C. 民权和平等　　D. 自由和民主

单 5. 近代中国社会的性质是（ ）。

A. 帝国主义的殖民地　　B. 封建社会的残余

C. 半殖民地半封建社会　　D. 资本主义社会

单 6. 标志着中国新民主主义革命开端的历史事件是（　）。

A. 辛亥革命　　B. 五四运动

C. 中国共产党成立　　D. 五卅运动

单 7. 1931 年 9 月 18 日夜，日本关东军蓄意炸毁沈阳北部柳条湖附近南满铁路路轨，反诬是中国军队所为，突然进攻沈阳北大营中国军队，发动了（　）。

A. 九一八事变　　B. 八一三事变

C. 一二八事变　　D. 七七事变

单 8. 1936 年（　），张学良、杨虎城实施兵谏，扣留蒋介石，囚禁从南京来的几十名国民党军政要员，史称西安事变。

A. 12 月 1 日　　B. 12 月 9 日

C. 12 月 12 日　　D. 12 月 22 日

单 9. 1937 年（　）事变爆发，全面抗战由此开始。

A. 九一八　　B. 一二八

C. 华北　　D. 卢沟桥

单 10. 1938 年 10 月，广州、武汉相继失陷后，中国的抗日战争进入（　）。

A. 战略防御阶段　　B. 战略进攻阶段

C. 战略相持阶段　　D. 战略反攻阶段

单 11. 抗日战争爆发后，中国共产党提出的（　）抗战路线，成为全国人民坚持抗战、争取胜利的旗帜。

A. 游击　　B. 局部

C. 全面　　D. 持久

单 12. 全面抗战爆发后，八路军打的第一个大胜仗，打破了日军不可战胜的神话的战役是（　）。

A. 平型关大捷　　B. 台儿庄战役

C. 武汉会战　　D. 长沙大捷

单 13. 西安事变和平解决的最根本前提是（　）。

A. 中日民族矛盾上升为最主要矛盾

B. 中国共产党倡议和平解决

C. 蒋介石接受停止内战、联共抗日主张

D. 英美国家支持蒋介石在中国继续掌权

单 14. 中国革命的道路是（　）。

A. 农村包围城市

B. 武装夺取政权

C. 农村包围城市，武装夺取政权

D. 以城市斗争为主

单 15. 揭开人民解放战争战略决战序幕的战役是（　）。

A. 淮海战役　　B. 辽沈战役

C. 济南战役　　D. 平津战役

单 16. 井冈山革命根据地的创建，最主要的意义是（　）。

A. 开始游击战争的尝试

B. 揭开了中国革命从城市转入农村的序幕

C. 创建人民军队的开始

D. 点燃了“工农武装割据”的星星之火

单 17. 近代以来我国第一次取得对外反侵略战争胜利的是（　）。

A. 甲午战争　　B. 抗日战争

C. 解放战争　　D. 抗美援朝战争

单 18. 为了争取和平、避免内战，1945 年 8 月 28 日至 10 月 10 日，毛泽东偕同周恩来、王若飞与国民党当局进行了历时 43 天的谈判，这就是历史上著名的（　）。

A. 重庆谈判　　B. 南京谈判

C. 北平谈判　　D. 上海谈判

单 19. 毛泽东在（　）中讲到，马克思列宁主义的普遍真理一经和中国革命的具体实践相结合，就使中国革命的面目为之一新。

A.《矛盾论》

B.《实践论》

C.《辩证唯物论（讲授提纲）》

D.《改造我们的学习》

单 20. 毛泽东在（　）中提出，什么叫问题？问题就是事物的矛盾。哪里有没有解决的矛盾，哪里就有问题。

A.《矛盾论》　　B.《实践论》

C.《论持久战》　　D.《反对党八股》

单 21. 中国抗日战争胜利结束，日本代表在投降书上签字的时间是 1945 年（　）。

A. 9 月 2 日　　B. 8 月 9 日

C. 8 月 15 日　　D. 10 月 2 日

单 22."务必使同志们继续地保持谦虚、谨慎、不骄、不躁的作风，务必使同志们继续地保持艰苦奋斗的作风"提出于（　）。

A. 七大　　B. 七届二中全会

C. 七届三中全会　　D. 七届四中全会

单 23. 1947 年《中国土地法大纲》规定的土地分配办法是（　）。

A. 按人口平均分配土地

B. 按阶级成分分配土地

C. 按实际劳动力分配土地

D. 按各地情况采取不同标准分地

单 24. 1949 年 4 月 23 日，经过渡江战役，人民解放军胜利解放（　），宣告国民党在全国反动统治的覆灭。

A. 上海　　B. 南京

C. 南昌　　D. 杭州

单 25. 1949 年 6 月 30 日，毛泽东发表《论人民民主专政》。该文指出，资产阶级共和国的方案在中国是行不通的，我们所要建立的新中国，只能是工人阶级（经过共产党）领导的以（　）为基础的人民民主专政。

A. 统一战线　　B. 多党合作

C. 工农联盟　　D. 各革命阶级联合

单 26. 1949 年 9 月 21 日，（　）第一届全体会议隆重开幕。

A. 中国人民代表大会

B. 中国人民政治协商会议

C. 政务院会议

D. 中央政治局会议

单 27. 1949 年 10 月 1 日，中华人民共和国成立，标志着中国（　）革命已经取得基本胜利，中国人民当家作主的时代已经到来，中国历史由此开辟了一个新纪元。

A. 旧民主主义　　B. 新民主主义

C. 社会主义　　D. 民族主义

单 28. 新中国成立初期提出“和平共处”五项原则是为了处理（　）。

A. 同苏联等社会主义国家的关系

B. 同邻国和新兴民族独立国家的关系

C. 同美国等发达国家的关系

D. 同拉丁美洲国家的关系

单 29. 新中国成立初期，我国在科学、艺术领域内实行的基本方针为（　）。

A. 百花齐放，百家争鸣

B. 古为今用，洋为中用

C. 取其精华，去其糟粕

D. 百花齐放，推陈出新

单 30. 1949 年，政协筹备会国旗审查小组共收到 2992 幅新中国的国旗图案，（　）设计的五星红旗图案经修改后，在第一届政协会议上被定为我国国旗。

A. 徐悲鸿　　B. 梁思成

C. 曾联松　　D. 傅抱石

单 31. 我国第一个五年计划是从（　）年开始实施。

A. 1950　　B. 1951

C. 1952　　D. 1953

单 32. 1950 年 6 月朝鲜战争爆发，10 月 19 日以（　）为司令员兼政治委员的中国人民志愿军开赴朝鲜战场。

A. 朱德　　B. 彭德怀

C. 贺龙　　D. 刘伯承

单 33. 1956年，我国（ ）基本完成，确立了社会主义基本制度。

A. 土地改革　　B. 抗美援朝

C. 手工业改造　　D. 社会主义改造

单 34. 1958年8月召开的北戴河中央政治局扩大会议，把（ ）运动迅速推向高潮，以高指标、瞎指挥、浮夸风、“共产”风为主要标志的“左”倾错误严重地泛滥开来。

A.“大跃进”

B.“大跃进”和人民公社化

C. 人民公社化

D. 反右倾

单 35. 我国最大的石油基地是（ ），从1960年开始用了3年时间基本建成的。

A. 辽河油田　　B. 胜利油田

C. 大庆油田　　D. 长庆油田

单 36. 中华人民共和国成立后制定的第一部正式法律是（ ）。

A.《婚姻法》　　B.《宪法》

C.《工会法》　　D.《土地改革法》

单 37. 第一部《中华人民共和国宪法》是在（ ）上制定的。

A. 第一届全国人民代表大会

B. 中共八大

C. 十一届三中全会

D. 第一届中国人民政治协商会议

单 38. 第一个与新中国建交的西方大国是（　　），对中国加强同西欧的关系起到了重要作用。

A. 英国　　B. 德国

C. 法国　　D. 瑞士

单 39. 中华人民共和国首次以五大国之一的身份参与讨论国际问题的会议是（　　）。

A. 万隆会议　　B. 日内瓦会议

C. 四国外长会议　　D. 亚非会议

单 40. 全国开展“向雷锋同志学习”的热潮始于（　　）。

A. 1963 年　　B. 1964 年

C. 1965 年　　D. 1968 年

单 41.（　　），我国成功地爆炸第一颗原子弹，有力地打破了超级大国的核垄断，提高了我国的国际地位。

A. 1964 年 10 月 6 日　　B. 1965 年 10 月 16 日

C. 1964 年 10 月 16 日　　D. 1965 年 10 月 6 日

单 42. 1970 年 4 月 24 日，中国成功发射第一颗人造地球卫星“东方红一号”，成为世界上第（　　）个独立研制和发射卫星的国家，从此揭开了中国航天活动的序幕。

A. 5　　B. 3

C. 4　　D. 2

单 43. 中国于（　）恢复在联合国的合法席位。

A. 1971 年 10 月　　B. 1972 年 2 月

C. 1972 年 9 月　　D. 1972 年 12 月

单 44.（　），国家恢复高考制度，全国高校重新通过统一考试招收新生。

A. 1977 年　　B. 1978 年

C. 1979 年　　D. 1980 年

单 45. 我国实现小康的目标于（　）提出。

A. 1956 年　　B. 1979 年

C. 1997 年　　D. 2002 年

单 46. 1979 年元旦，全国人大常委会发表（　），提出尊重台湾现状，实现台湾与祖国大陆和平统一，实现"三通"。

A.《告台湾同胞书》

B.《告全国人民书》

C.《进一步解决台湾问题的方针政策》

D.《一国两制，和平统一》

单 47. 1985 年 2 月 20 日，中国第一座南极考察站（　）在乔治王岛举行了隆重的落成典礼。

A. 中山站　　B. 北京站

C. 长城站　　D. 昆仑站

单 48. 党的十二届六中全会通过的（　）指出，以马克思主义为指导的社会主义精神文明建设是社会主义的重要特征。

A.《中共中央关于社会主义精神文明建设指导方针的决议》

B.《坚持“两手抓，两手都要硬”》

C.《关于精神文明建设的若干问题》

D.《新时期加强社会主义精神文明建设的若干问题的决议》

单 49.“一国两制”的前提是（　）。

A. 大陆主体的社会主义制度和港、澳、台地区的资本主义制度并存

B. 港、澳、台享有高度自治权

C. 用和平方式统一祖国

D.“一个中国”原则，国家主权统一于中华人民共和国

单 50. 20 世纪 80 年代，邓小平同志提出的世界主题是（　）。

A. 战争与和平　　B. 战争与革命

C. 和平与发展　　D. 战争与发展

单 51.（　），中英两国政府正式签署了《关于香港问题的联合声明》，确认中国政府于 1997 年 7 月 1 日对香港恢复行使主权。

A. 1984 年 10 月　　B. 1984 年 12 月

C. 1985 年 10 月　　D. 1985 年 12 月

单 52. 我国是以（　）为一个时间段来做国家的中短期规划的。

A. 2 年　　B. 3 年

C. 4 年　　D. 5 年

单 53. 我国是世界上最大的发展中国家，仍处于并将长期处于社会主义初级阶段，（　）仍是解决我国所有问题的关键。

A. 人才　　B. 发展

C. 技术　　D. 资源

单 54. 我国于（　）年正式提出科教兴国战略。

A. 1985　　B. 1990

C. 1995　　D. 1998

单 55. 香港回归祖国，标志着（　）构想取得巨大成功。

A. 改革开放

B. 全方位外交

C. 一国两制

D. 和谐世界

单 56. 香港于（　）年回归祖国。

A. 1999　　B. 1997

C. 1996　　D. 1994

单 57. 我国是（　）阶级领导的、以工农联盟为基础的人民民主专政的社会主义国家。

A. 无产　　B. 工人

C. 农民　　D. 知识分子

单 58. 毛泽东提出在科学、艺术领域内实行的基本方针是（　）。

A. 百花齐放，百家争鸣　　B. 古为今用，洋为中用

C. 百花齐放，推陈出新　　D. 取其精华，去其糟粕

单 59. 马克思主义基本原理与中国具体实践相结合产生的第二次理论飞跃是形成了（　）。

A. 毛泽东思想

B. 邓小平理论

C. “三个代表”重要思想

D. 中国特色社会主义理论

单 60. 以下属于 2000 年度第一届“国家最高科学技术奖”获得者的是（　）。

A. 袁隆平　　B. 邓稼先

C. 杨利伟　　D. 钱学森

单 61. 2001 年 11 月 10 日，在（　）举行的世界贸易组织第四届部长级会议通过中国加入世界贸易组织的决定。

A. 巴黎　　B. 日内瓦

C. 多哈　　D. 万隆

单 62. 中华民族精神的核心是（　）。

A. 自尊　　B. 爱国主义

C. 自强　　D. 自立

单 63.（　）一生热爱祖国，追随革命，热诚办教育，曾被毛泽东赞誉为“华侨旗帜，民族光辉”。

A. 陈嘉庚　　B. 何香凝

C. 司徒美堂　　D. 华罗庚

单 64. 按照（　）的方针，促进香港、澳门长期繁荣稳定，完成祖国统一大业。

A. 和平谈判　　B. 两岸三通

C. “一国两制”　　D. 两岸和谐

单 65. 中国人民抗日战争胜利纪念日是（　）。

A. 8 月 15 日　　B. 9 月 2 日

C. 9 月 3 日　　D. 9 月 4 日

单 66. 我国最高权力机关是（　）。

A. 全国人民代表大会

B. 中国人民政治协商会议

C. 国务院

D. 全国政协

单 67. 坚持（　）原则，是两岸关系和平发展的政治基础。

A. 和平统一　　B. 一个中国

C. 独立自主　　D. 主权和领土完整

单 68.（　），北京赢得 2008 年奥运会主办权。

A. 1999 年 7 月 13 日　　B. 2000 年 7 月 13 日

C. 2001 年 7 月 13 日　　D. 2001 年 7 月 16 日

单 69. 针对“两个凡是”的思想禁锢，开展了（　）。

A. 真理标准问题的讨论

B. 要不要改革开放的讨论

C. 如何评价建国初期工作的讨论

D. 转移工作重心的讨论

单 70.（　）不属于和平共处五项原则。

A. 互相尊重主权和领土完整

B. 互不干涉内政

C. 和平共处

D. 互惠互利

单 71. 周恩来总理于（　）上首次提出“求同存异”方针，打开了与亚非拉国家广泛交往的大门。

A. 万隆会议　　B. 日内瓦会议

C. 华盛顿会议　　D. 维也纳会议

单 72.（　）不属于社会主义三大改造的内容。

A. 农业　　B. 工业

C. 制造业　　D. 资本主义工商业

单 73.“中华民族”的概念最早是由（　）提出的。

A. 孙中山　　B. 钱穆

C. 梁启超　　D. 傅斯年

单 74. 全国政协十届四次会议指出，引导广大干部群众特别是青少年树立以“八荣八耻”为主要内容的社会主义（　）。

A. 荣辱观　　B. 价值观

C. 人生观　　D. 世界观

单 75. 我国于（　）年全面取消农业税。

A. 2005　　B. 2006

C. 2007　　D. 2008

单 76. 2008 年北京奥运会口号是（　）。

A. 更高、更快、更强

B. 同一个世界，同一个梦想

C. 一个新世界

D. 点燃心中之火

单 77. 我国第一位进入太空的宇航员是（　）。

A. 杨利伟　　B. 刘伯明

C. 聂海胜　　D. 景海鹏

单 78. 我国于（　）年通过《反分裂法》。

A. 2004　　B. 2005

C. 2006　　D. 2007

单 79. 2008 年 8 月，我国第一条高速铁路（　）开通。

A. 京津城际铁路

B. 武广高铁

C. 京沪高铁

D. 成渝高铁

单 80. 邓小平理论初步回答了（　　）问题。

A. 什么是新民主主义革命、怎样进行新民主主义革命

B. 什么是社会主义、怎样建设社会主义

C. 建设什么样的党、怎样建设党

D. 什么是科学发展、怎样实现科学发展

单 81. 中华人民共和国的根本制度是（　　）。

A. 社会主义制度

B. 中国共产党领导的多党合作和政治协商制度

C. 民族区域自治制度

D. 基层群众自治制度

单 82.“三个代表”重要思想的本质是（　　）。

A. 立党为公、执政为民

B. 坚持与时俱进

C. 一切从实际出发

D. 实事求是

单 83.“红军不怕远征难，万水千山只等闲”，当年红军“远征”的直接原因是（　　）。

A. 把革命的火种撒向西部

B. 东北沦陷，华北告急！中华民族危机空前

C.“避敌主力，打其虚弱”，集中优势兵力歼灭敌人

D. 红军第五次“反围剿”的失利，被迫实施战略转移

单 84.（　）是凝聚中国心、实现“中国梦”的根本力量。

A. 体制改革　　B. 中国精神

C. 创新　　D. 务实

单 85. 中国现阶段最大的国情是（　）。

A. 生产力水平低，经济发展落后

B. 社会主义市场经济体制不完善

C. 正处于并将长期处于社会主义初级阶段

D. 进入小康社会

多 86. 20 世纪中华民族经历的三次历史性巨变是（　）。

A. 辛亥革命

B. 抗日战争的胜利

C. 中华人民共和国的成立和社会主义制度的建立

D. 十一届三中全会后的改革开放

多 87. 民族区域自治制度中的“两个结合”是（　）。

A. 统一和自治相结合

B. 民族因素和区域因素相结合

C. 区域和整体结合

D. 法律和地方法规结合

多 88. 马克思主义中国化形成了（　）两大理论成果。

A. 毛泽东思想

B. 邓小平理论

C. “三个代表”重要思想

D. 中国特色社会主义理论体系

多 89. 1977 年在科教文化领域进行了大力整顿，主要包括（　）。

A. 提出尊重知识，尊重人才

B. 恢复全国高等学校统一考试招生制度

C. 1978 年初召开全国科学大会

D. 平反冤假错案

多 90. 新中国成立初期，我国独立自主和平外交政策的基本方针为（　）。

A. 不结盟　　B. 另起炉灶

C. 打扫干净屋子再请客　　D. 一边倒

多 91. 社会主义初级阶段的涵义包括（　）。

A. 我国社会已经是社会主义社会，我们必须坚持而不能离开社会主义

B. 实现了商品的生产化、社会化的社会

C. 任何国家进入社会主义社会都要经历的阶段

D. 我国的社会主义还在初级阶段，我们必须从这个实际出发，而不能超越这个阶段

多 92. 新中国成立初期，建立的三大基本政治制度包括（　）。

A. 人民代表大会制度

B. 民族区域自治制度

C. 实行对外开放的政策

D. 中国共产党领导下的多党合作和政治协商制度

多 93. 加入世贸组织是中国对外开放不断深化的必然要求，有利于（　）。

A. 中国参与世界经济全球化进程

B. 中国全面参与国际竞争和国际合作，充分发挥我国的优势

C. 我国与跨国公司广泛合作

D. 中国企业走出国门，提高中国产品的国际知名度

多 94. 在处理国家之间的关系上，我国坚持的原则包括（　）。

A. 互相尊重主权和领土完整

B. 互不侵犯

C. 互不干涉内政

D. 平等互利、和平共处

多 95.《中国人民政治协商会议共同纲领》的主要内容有（　）。

A. 确立新中国的国体和政体

B. 规定新中国基本的民族政策

C. 规定新中国的经济工作方针和外交工作原则

D. 规定国家政权属于人民

多 96. 习近平新时代中国特色社会主义思想，是对马克思列宁主义、毛泽东思想、邓小平理论、“三个代表”重要思想、科学发展观的继承和发展，(　　)，必须长期坚持并不断发展。

A. 是马克思主义中国化最新成果

B. 是党和人民实践经验和集体智慧的结晶

C. 是中国特色社会主义理论体系的重要组成部分

D. 是全党全国人民为实现中华民族伟大复兴而奋斗的行动指南

多 97. 社会主义核心价值观的内容有（　　）。

A. 富强 民主 文明 和谐

B. 自由 平等 公正 法治

C. 自由 平等 公正 法制

D. 爱国 敬业 诚信 友善

多 98. 坚持改革的正确方向，主要做到（　　）。

A. 坚持和完善党的领导

B. 坚持和发展中国特色社会主义

C. 坚持社会主义市场经济改革方向

D. 坚持中国制造

多 99. 四项基本原则包括（　　）。

A. 必须坚持社会主义道路

B. 必须坚持人民民主专政

C. 必须坚持共产党的领导

D. 必须坚持马列主义、毛泽东思想

多 100. 全面推进党的建设新的伟大工程，进一步解决好的历史性课题包括（　　）。

A. 提高全党的马克思主义的理论水平和思想水平

B. 提高党的领导水平和执政水平

C. 提高拒腐防变和抵御风险能力

D. 回答什么是社会主义与怎样建设社会主义

改革开放史
答题篇

扫码闯关答题

单 1. 以（ ）为标志，党和国家进入了以改革开放和社会主义现代化建设为主要任务的历史新时期。

A. 党的十一届三中全会　　B. 粉碎“四人帮”

C. 实行农村土地承包制　　D. 党的十四大

单 2. 邓小平作为中国改革开放的总设计师，其发展理念的特征是提出（ ）。

A. 科学发展观　　B. 发展是第一要务

C. 发展是硬道理　　D. 矛盾发展观

单 3. 只有社会主义才能救中国，只有（ ）才能发展中国、发展社会主义、发展马克思主义。

A. 改革　　B. 经济建设

C. 改革开放　　D. 创新

单 4. 改革开放是我们党的一次伟大觉醒，正是这个伟大觉醒孕育了我们党（ ）的伟大创造。

A. 从实践到理论　　B. 从实践到原理

C. 从理论到实践　　D. 从原理到实践

单 5. 十一届三中全会以来，我国农村发生了许多重大变化。影响最深远的是普遍实行了多种形式的农村生产责任制，而（　）又越来越成为主要形式。

A. 集体经营　　B. 家庭联产承包制

C. 包产到户　　D. 土地私有

单 6. 1984 年 10 月 20 日，（　）通过的《关于经济体制改革的决定》，标志着我国经济体制改革的重点从农村转向城市。

A. 党的十二届三中全会　　B. 党的十二届四中全会

C. 党的十二届五中全会　　D. 党的十二届六中全会

单 7. 1985 年 3 月、（　），中共中央分别作出《关于科学技术体制改革的决定》《关于教育体制改革的决定》。

A. 4 月　　B. 5 月

C. 6 月　　D. 7 月

单 8. 1988 年 9 月，邓小平同志在全国科学大会上提出（　）的论断。

A. 科学技术是最初生产力　　B. 科学技术是第一生产力

C. 科学技术生产力本质　　D. 科学技术是最高生产力

单 9. 海南经济特区于（　）年建立。

A. 1980　　B. 1984

C. 1988　　D. 1990

单 10.（　）是 20 世纪 90 年代我国改革开放进一步深化和取得显著成就的重要标志。

A. 海南洋浦的开发

B. 上海浦东的开发

C. 北京中关村高新技术开发区的建立

D. 珠江三角洲的开发

单 11. 1990年4月，中共中央、国务院作出开发、开放上海（　）的决定。

A. 浦东　　B. 浦西

C. 黄埔　　D. 徐汇

单 12. 改革开放初期，我国设立的经济特区有（　）。

A. 深圳 上海 汕头 珠海

B. 深圳 厦门 海南 珠海

C. 深圳 珠海 汕头 厦门

D. 深圳 上海 厦门 汕头

单 13. 1992年初，邓小平在南方谈话中指出：社会主义的本质，是解放生产力，发展生产力，消灭剥削，消除两级分化，最终达到（　）。

A. 小康社会　　B. 生活富裕

C. 共同富裕　　D. 经济繁荣

单 14. “一个中心，两个基本点”中的“一个中心”是指（　）。

A. 以经济建设为中心　　B. 以改革为中心

C. 以发展为中心　　D. 以开放为中心

单 15. 20 世纪 90 年代，中共中央为实现我国社会主义现代化而作出的重大部署是（　　）。

A. 开展真理标准问题的讨论

B. 实施科教兴国战略

C. 提出“三个面向”的教育方针

D. 提出“百花齐放，百家争鸣”的方针

单 16. 我们要坚持使（　　）在资源配置中起决定性作用，更好地发挥政府作用。

A. 人才　　B. 金融

C. 市场　　D. 科技

单 17.《中共中央关于建立社会主义市场经济体制若干问题的决定》指出，必须坚持（　　）的方针。

A. 以公有制为主体，允许其他经济成分发展

B. 以公有制为主体，多种经济成分共同发展

C. 以公有制为主体，多种经济成分共存

D. 以公有制为主体，不允许其他经济成分发展

单 18. 十一届三中全会以后，首先在农村试行经济体制改革的省份是（　　）。

A. 广东、福建　　B. 安徽、四川

C. 安徽、河南　　D. 四川、浙江

单 19.（　　）的崛起，是农村改革中的重大进步。

A. 乡政府　　B. 乡镇企业

C. 人口流动　　D. 私营企业

单 20.（　）年，中国正式成为世贸组织成员，标志着中国对外开放进入新的阶段。

A. 2001　　B. 2002

C. 2003　　D. 2004

单 21. 2017 年 1 月 15 日，中共中央办公厅、国务院办公厅印发了《关于促进移动互联网健康（　）发展的意见》。

A. 和谐　　B. 可控

C. 有序　　D. 秩序

单 22.（　）是技术创新的主体。

A. 企业　　B. 国家科研机构

C. 政府　　D. 高校

单 23. 关于农村联产承包责任制的表述，以下不正确的是（　）。

A. 农产品由农民自行处理

B. 有利于农村经济向商品化发展

C. 改变了以往分配中的平均主义

D. 以土地公有制为基础

单 24. 社会治理现代化必须以推进（　）为先导。

A. 社会体制改革　　B. 社会制度变革

C. 社会管理创新　　D. 以上答案均错误

单 25. 中国特色社会主义事业总体布局概括为（　）。

A. “五位一体”　　B. “四个全面”

C. “五大发展”　　D. “四个伟大”

单 26. 发展必须是科学发展，必须坚定不移地贯彻（　）的发展理念。

A. 创新、共赢、绿色、开放、协调

B. 共享、协调、绿色、开放、共赢

C. 创新、协调、绿色、开放、共享

D. 可持续、协调、绿色、开放、共享

单 27. 改革开放以来，我国实行对外开放的根本目的是（　）。

A. 建立和完善社会主义市场经济体制

B. 扩大对外贸易，吸收外资

C. 发展我国的社会主义经济

D. 尽快加入世界贸易组织

单 28. 真理标准问题的讨论为十一届三中全会的召开奠定了思想基础，因为讨论（　）。

A. 全面否定了之前的错误观念

B. 打破了个人崇拜和教条主义的思想束缚

C. 提出要准确理解毛泽东思想

D. 提出要坚持四项基本原则

单 29. 党的十四大提出的经济体制改革的目标是（　）。

A. 建立社会主义市场经济体制，进一步解放和发展生产力

B. 扩大企业自主权，加强国营大中型企业的市场竞争力

C. 巩固和完善家庭联产承包责任制，大力发展乡镇企业

D. 以公有制为主体多种所有制经济长期共同发展

单 30. 坚持创新发展，要构建产业新体系，加快建设制造强国，实施（　），实施工业强基工程，培育一批战略性产业，开展加快发展现代服务业行动。

A.《“十三五”国家科技创新规划》

B.《关于加快美丽特色小（城）镇建设的指导意见》

C.《中国制造二〇二五》

D.《关于做好第二批全国特色小镇推荐工作的通知》

单 31. 坚持共享发展，就是要促进就业创业，坚持就业优先战略，实施更加积极的就业政策，完善创业扶持政策，加强对灵活就业、新就业形态的支持，提高（　）待遇。

A. 教师　　B. 公务员

C. 技术工人　　D. 工程师

单 32. 促进人口均衡发展，坚持计划生育的基本国策，完善人口发展战略，全面实施一对夫妇可生育（　）个孩子政策，积极开展应对人口老龄化行动。

A. 一　　B. 两

C. 三　　D. 四

单 33. 实现“两个一百年”奋斗目标、实现中华民族伟大复兴的中国梦，不断提高人民生活水平，必须坚定不移地把（　）作为党执政兴国的第一要务。

A. 发展　　B. 创新

C. 政策　　D. 文化

单 34. 现代化经济体系必须坚持质量第一、（　）优先。

A. 利益　　B. 速度

C. 人才　　D. 效益

单 35. 国有资本、集体资本、非公有资本等交叉持股、相互融合的（　）经济，是基本经济制度的重要实现形式。

A. 国有制　　B. 混合所有制

C. 私有制　　D. 集体制

单 36. 建设现代化经济体系，必须把发展经济的着力点放在（　）上，把提高供给体系质量作为主攻方向，显著增强我国经济质量优势。

A. 互联网　　B. 实体经济

C. 大数据　　D. 人工智能

单 37. 以疏解北京非首都功能为“牛鼻子”推动京津冀协同发展，高起点规划、高标准建设（　）。

A. 长江经济带　　B. 杭州大湾区

C. 雄安新区　　D. 西北地区

单 38. 要实现社会治理现代化，就要重视（　）的培育。

A. 经济组织　　B. 政治组织

C. 社会组织　　D. 以上答案均错误

单 39. 国家治理的（　）是指政治权力确立、维护和运行的思想理念、价值规范和道德规范的总体构成。

A. 制度体系　　B. 行动体系

C. 价值体系　　D. 目标体系

单 40. 凝聚起磅礴的（　）引领和支撑创新驱动发展，成为事关民族复兴的关键。

A. 科技力量　　B. 军事力量

C. 经济力量　　D. 人才力量

单 41.（　）是市场经济的细胞。

A. 货币　　B. 资金

C. 商品　　D. 资本

单 42.（　）是中国特色社会主义的本质特征。

A. 依法治国　　B. 依宪治国

C. 中国共产党的领导　　D. 人民民主专政

单 43.（　），第一要义是发展，核心是以人为本，基本要求是全面、协调、可持续，根本方法是统筹兼顾。

A. 科学发展观　　B. 新发展理念

C. 唯物主义发展观　　D. 可持续性发展

单 44. 下列不属于社会主义核心价值观基本内容的是（　）。

A. 敬业　　B. 互惠

C. 公正　　D. 和谐

单 45. 生态文明建设事关中华民族（　）和“两个一百年”奋斗目标的实现。保护生态环境就是保护生产力，改善生态环境就是发展生产力。

A. 创新发展　　B. 永续发展

C. 开拓发展　　D. 继续发展

单 46.（　）决定文化前进方向和发展道路。

A. 政治环境　　B. 经济发展

C. 教育水平　　D. 意识形态

单 47.（　）是国之重器，对推动我国经济高质量发展、保障国家安全都具有十分重要的意义。

A. 关键核心技术　　B. 核心技术

C. 关键技术　　D. 人工智能技术

单 48. 到 2020 年，深入推进扶贫开发的总体目标是：稳定实现扶贫对象不愁吃、不愁穿，保障其义务教育、基本医疗和（　）。

A. 养老　　B. 饮水

C. 收入　　D. 住房

单 49. 目前，（　）仍是世界上最大的发展中国家。

A. 印度　　B. 中国

C. 巴西　　D. 澳大利亚

单 50. 下列不属于“四个全面”战略布局的是（　）。

A. 全面建设小康社会　　B. 全面深化改革

C. 全面依法治国　　D. 全面从严治党

单 51. 国家治理体系与治理能力现代化的核心要义是（　）。

A. 不断加强和改善党的全面领导

B. 坚持人民当家作主

C. 坚持全面依法治国

D. 坚持全面改革开放

单 52. 坚持按劳分配为主体、多种分配方式并存的分配制度，是由（　）决定的。

A. 公有制为主体、多种所有制经济共同发展的所有制结构

B. 社会主义市场经济体制

C. 社会主义条件下人民的劳动性质和特点

D. 效率优先，兼顾公平的原则

单 53. 中国特色社会主义的根本原则是（　）。

A. 人民为本　　B. 公平正义

C. 改革开放　　D. 共同富裕

单 54. 积极应对人口老龄化，加快建设居家社区机构相协调、

医养康养相结合的（　　）服务体系。

A. 养老　　B. 医疗

C. 教育　　D. 保险

单 55. 中国特色社会主义进入新时代，意味着近代以来久经磨难的中华民族迎来了（　　）的伟大飞跃，迎来了实现中华民族伟大复兴的光明前景。

A. 从站起来、富起来到强起来

B. 从站起来、好起来到富起来

C. 从站起来、强起来到富起来

D. 从好起来、富起来到强起来

单 56. 2012 年 11 月 29 日，习近平总书记在参观“复兴之路”展览时，提出了（　　）的概念。

A. 为人民服务　　B.“中国梦”

C. 文化强国　　D. 科技强国

单 57. 要发挥我国应急管理体系的特色和优势，借鉴国外应急管理有益做法，积极推进我国应急管理体系和能力（　　）。

A. 科学化　　B. 市场化

C. 现代化　　D. 国际化

单 58.（　　），亚洲基础设施投资银行在北京正式成立。

A. 2014 年 10 月 24 日　　B. 2015 年 12 月 20 日

C. 2015 年 12 月 22 日　　D. 2015 年 12 月 25 日

单 59. 2016年，国务院发布《“十三五”国家（ ）保护和运用规划》，首次将知识产权规划列入国家重点专项规划。

A. 文化交流　　B. 知识产权

C. 传统文化　　D. 网络文化

单 60.（ ），我国现行标准下农村贫困人口实现脱贫，贫困县全部摘帽，解决区域性整体贫困。

A. 到2020年　　B. 到2025年

C. 到2050年　　D. 到2060年

单 61. 1985年2月，（ ）没被确定为经济开放区。

A. 珠江三角洲　　B. 长江三角洲

C. 闽南三角地区　　D. 京津冀地区

单 62. 中国之所以能够提出“一带一路”倡议的原因不包括（ ）。

A. 中国经济实力强大　　B. 中国已进入发达国家行列

C. 中国对外投资规模大　　D. 中国企业发展迅速

单 63.“一带一路”是寻求21世纪世界和平、发展、包容、（ ），寻求包容性全球化和所有人的发展的伟大尝试。

A. 共建　　B. 共治

C. 共享　　D. 共赢

单 64. 实施区域协调发展战略，要加大力度支持革命老区、民族地区、边疆地区、（ ）加快发展。

A. 华北地区　　　　　　　　B. 西北地区

C. 西南地区　　　　　　　　D. 贫困地区

单 65. 实施乡村振兴战略的具体路径不包括（　　）。

A. 重塑城乡关系，走城乡融合发展之路

B. 巩固和完善农村基本经营制度，走共同富裕之路

C. 深化农业供给侧结构性改革，走质量兴农之路

D. 创新乡村农业体系，走农村振兴之路

单 66. 改革开放以来，我国农村改革的主要发展方向不包括（　　）。

A. 专业化　　　　　　　　B. 商品化

C. 社会化　　　　　　　　D. 集体化

单 67. 改革开放以来，非公有制经济蓬勃发展，不属于非公有制经济的是（　　）。

A. 集体经济　　　　　　　　B. 个体经济

C. 私营经济　　　　　　　　D. 外资经济

单 68. 聚焦制度建设和国家治理现代化的重大意义不包括（　　）。

A. 是实现"两个一百年"奋斗目标的重大任务

B. 是把新时代改革开放推向前进的根本要求

C. 是应对风险挑战、赢得主动的有力保证

D. 是全面建设小康社会的有力保证

单 69. 改革开放以来，我国工业建设取得巨大成就的原因不包

括（　）。

A. 党和国家工作重心转移到经济建设上来

B. 对工业实行特殊优惠政策

C. 实施对外开放政策

D. 逐步扩大企业自主权

单 70. 以下不属于“四个现代化”内容的是（　）。

A. 工业现代化　　B. 农业现代化

C. 军事现代化　　D. 科学技术现代化

多 71. 党的十七大把（　）四位一体的中国特色社会主义事业总体布局写入党章。

A. 经济建设　　B. 政治建设

C. 社会建设　　D. 文化建设

多 72. 人类命运共同体的基本特征包括（　）。

A. 主权国家是主要行为主体

B. 承认主权国家之间的差异

C. 着眼于人类的整体利益和命运

D. 各国地位平等、和平共处

多 73.《中共中央 国务院关于打赢脱贫攻坚战的决定》提出，把（　）作为基本方略。

A. 精准扶贫　　B. 精准脱贫

C. 区域扶贫　　D. 区域脱贫

多 74. 产业扶贫项目也往往因为贫困户的（ ）等多方面的限制而难以覆盖贫困户。

A. 观念　　B. 技术

C. 能力　　D. 资金

多 75. 通过对贫困户和贫困村（ ），引导各类扶贫资源优化配置，实现扶贫到村到户，逐步构建精准扶贫工作长效机制。

A. 精准识别　　B. 精准帮扶

C. 精准管理　　D. 精准考核

多 76. 深入实施公民道德建设工程，推进社会公德、职业道德、家庭美德、个人品德建设，激励人们（ ）。

A. 向上向善　　B. 孝老爱亲

C. 忠于祖国　　D. 忠于人民

多 77. 习近平在主持浙江工作期间，形成了（ ）的生态发展观。

A. 经济社会的全面发展，不仅要看经济增长指标，还要看社会发展指标，特别是人文指标、资源指标、环境指标

B. 绿色 GDP

C. 绿水青山就是金山银山

D. 破坏生态环境就是破坏生产力，保护生态环境就是保护生产力，改善生态环境就是发展生产力

多 78. 实现（ ）是全面推进依法治国的重点任务。

A. 科学立法　　B. 严格执法

C. 公正司法　　　　　　　D. 全民守法

多 79. 现阶段，我国人民不仅对物质文化生活提出了更高要求，而且在（　）、安全、环境等方面的要求日益增长。

A. 民主　　　　　　　　B. 法治

C. 公平　　　　　　　　D. 正义

多 80. 社会主义市场经济的“两只手”，即（　）。

A. 市场　　　　　　　　B. 政府

C. 资源　　　　　　　　D. 利润

多 81. 深化供给侧结构性改革，建设（　）劳动者大军，弘扬劳模精神和工匠精神，营造劳动光荣的社会风尚和精益求精的敬业风气。

A. 知识型　　　　　　　B. 技能型

C. 创新型　　　　　　　D. 体能型

多 82. 必须大力培养造就（　）的创新型科技人才。

A. 规模宏大　　　　　　B. 结构合理

C. 素质优良　　　　　　D. 作风优良

多 83. 坚持创新发展，就是要把创新摆在国家发展全局的核心位置，不断推进（　），让创新贯穿党和国家一切工作，让创新在全社会蔚然成风。

A. 理论创新　　　　　　B. 制度创新

C. 科技创新　　　　　　D. 文化创新

多 84. 必须坚持和完善我国社会主义基本经济制度和分配制度，毫不动摇巩固和发展公有制经济，毫不动摇（　）非公有制经济发展。

A. 控制　　B. 鼓励

C. 支持　　D. 引导

多 85. 在高层次人才引领推动下，我国（　）等一批具有国际影响的高水平成果竞相涌现。

A. 量子通信及组网　　B. 中微子震荡

C. 诱导性多能干细胞　　D. 北斗卫星导航系统

多 86. 推进国家治理体系和治理能力现代化的工作任务是以巨大的政治勇气，锐意推进（　）、生态文明体制和党的建设制度改革。

A. 经济体制　　B. 政治体制

C. 文化体制　　D. 社会体制

多 87. 中国特色社会主义的优越性体现在（　）等方面。

A. 集中力量办大事，具有强大的社会动员力量

B. 推动经济社会发展，具有强大和高效的决策力和执行力

C. 快速提升国家竞争力，实现现代化强国

D. 具有强大的自我完善和修复能力

多 88. 在经济方面，现代治理体系主要是处理好（　）之间的关系。

A. 经济　　B. 政府

C. 市场　　D. 社会

多 89. 党的十九大报告提出，要支持香港、澳门融入国家发展大局，以（　）、（　）、（　）等为重点，全面推进内地同香港、澳门互利合作。

A. 粤港澳大湾区建设

B. 粤港澳合作

C. 泛珠三角区域合作

D. 粤港澳政府合作

多 90. 全面推进依法治国的原则包括（　）。

A. 坚持中国共产党的领导和人民主体地位

B. 坚持法律面前人人平等

C. 坚持依法治国和以德治国相结合

D. 坚持从中国实际出发

多 91. 习近平总书记提出要努力推动形成（　）的良好法治环境。

A. 办事依法　　B. 遇事找法

C. 解决问题用法　　D. 化解矛盾靠法

多 92. 我们要坚持不懈地培育和弘扬社会主义核心价值观，引导广大青年做社会主义核心价值观的（　）。

A. 坚决拥护者　　B. 坚定信仰者

C. 积极传播者　　　　　　　　D. 模范践行者

多 93. 社会主义核心价值体系的基本内容包括（　　）。

A. 马克思主义指导思想

B. 中国特色社会主义共同理想

C. 以爱国主义为核心的民族精神和以改革创新为核心的时代精神

D. 以"八荣八耻"为主要内容的社会主义荣辱观

多 94. "一带一路"的核心内容是（　　）。

A. 促进基础设施建设

B. 促进互联互通

C. 提供国际合作平台

D. 开展商贸活动

多 95. 改革开放 40 多年来，我国工业取得了举世瞩目的成就，但背后我们却付出了巨大的代价，这其中包括（　　）、高污染。

A. 高投入　　　　　　　　B. 高能耗

C. 高物耗　　　　　　　　D. 高排放

多 96. 习近平新时代中国特色社会主义经济思想的重大意义在于它（　　）。

A. 是指导思想和行动指针

B. 体现了我国经济发展目标的重大调整

C. 具有世界意义

D. 解决了一切现存的经济问题

多 97. 40 多年的实践充分证明，改革开放是（　）。

A. 党和人民大踏步赶上时代的重要法宝

B. 坚持和发展中国特色社会主义的必由之路

C. 决定当代中国命运的关键一招

D. 决定实现“两个一百年”奋斗目标、实现中华民族伟大复兴的关键一招

多 98.（　）是五四运动以来我国发生的三大历史性事件，是近代以来实现中华民族伟大复兴的三大里程碑。

A. 取得抗日战争的胜利

B. 建立中国共产党

C. 成立中华人民共和国

D. 推进改革开放和中国特色社会主义事业

多 99. 中国坚持对外开放的基本国策，坚持打开国门搞建设，积极促进“一带一路”国际合作，努力实现（　）、民心相通，打造国际合作新平台，增添共同发展新动力。

A. 政策沟通　　B. 设施联通

C. 贸易畅通　　D. 资金融通

多 100. 改革开放以来，我们实现了（　）。

A. 中华民族迎来了从站起来、富起来到强起来的伟大飞跃

B. 中国特色社会主义迎来了从创立、发展到完善的伟大飞跃

C. 中国人民迎来了从温饱不足到小康富裕的伟大飞跃

D. 以上表述均不对

社会主义发展史答题篇

扫码闯关答题

单 1. 1952年底，我国已基本完成了土地改革，至此确立了（　）。

A. 生产资料公有制

B. 人民公社体制

C. 农民阶级土地所有制

D. 家庭联产承包责任制

单 2. 新中国成立以来，人民政府没收国民政府财产和官僚资本，这一措施（　）。

A. 兼有旧民主主义和新民主主义革命性质

B. 属于新民主主义革命性质

C. 兼有新民主主义革命和社会主义革命性质

D. 属于社会主义革命性质

单 3. 新中国成立初期，在工矿企业中进行民主改革和生产改革，主要是为了（　）。

A. 清除反动分子和封建残余

B. 改善工人的生产劳动条件

C. 改革不合理的生产关系

D. 促进实现生产技术现代化

单 4. 过渡时期总路线的实质是（　　）。

A. 改变生产资料的资本主义私有制为生产资料的社会主义公有制

B. 对个体农业实行社会主义改造

C. 对个体手工业实行社会主义改造

D. 对资本主义工商业实行社会主义改造

单 5. 我国开始进入社会主义初级阶段的标志为（　　）。

A. 中华人民共和国的成立

B. 社会主义改造的基本完成

C. 中共八大的召开

D. 十一届三中全会的召开

单 6. 中共八大确立的经济建设方针是（　　）。

A. 正确处理重工业与轻工业、农业的关系

B. 调整、巩固、充实、提高

C. 在综合平衡中稳步前进

D. 多快好省地建设社会主义

单 7. 中共八大关于国内主要矛盾的论断是正确的，因为这一论断（　　）。

A. 借鉴了苏联的经验教训

B. 反映了剥削阶级在我国已基本消灭的客观实际

C. 强调了团结一切可以团结的力量为社会主义建设服务

D. 明确了把正确处理人民内部矛盾作为国家政治生活的主题

单 8. 关于新中国经济建设的说法正确的是（　）。

A. 三大改造的完成标志着新民主主义制度的建立

B. “大跃进”时期经济实现协调发展

C.1956 至 1966 年经济建设在曲折中前进

D. 经济体制改革率先在城市取得突破

单 9. 新中国成立后，中央合理调整工商业是为了（　）。

A. 将全国主要财政经济由中央集中统一管理

B. 实现企业公私合营的高级国家资本主义形式

C. 在国营经济领导下恢复和发展有利于国计民生的私营工商业

D. 建立带有社会主义性质的国营经济

单 10.（　）年底，社会主义改造取得决定性的胜利，基本消灭了剥削制度。

A. 1953　　B. 1954

C. 1955　　D. 1956

单 11. 1953 至 1957 年是实施第一个五年计划的时期，也被称为新中国工业化的起步时期。在当时的历史条件下，“一五”计划把（　）作为经济建设的中心环节。

A. 优先发展轻工业　　B. 优先发展重工业

C. 轻工业与重工业并举　　　　D. 工业与农业并举

单 12. 新中国成立后，我们对农业、手工业和资本主义工商业进行了（　　）。

A. 私有化改造　　　　B. 国有化改造

C. 社会主义改造　　　　D. 资本主义改造

单 13. 1957 至 1966 年是我国全面建设社会主义的时期，这一阶段的历史特征是（　　）。

A. 社会主义经济持续稳定发展

B. 正确与失误、成就与挫折错综交织

C. 遭到新中国成立以来最严重的挫折和损失

D. 社会主义民主政治建设取得重大进展

单 14. 1953 年，中国共产党提出“一化三改”的过渡时期总路线，其中“一化”是指（　　）。

A. 社会主义现代化

B. 农业合作化

C. 社会主义工业化

D. 科学技术现代化

单 15. 20 世纪 50 年代，我国推动国家政治民主建设的主要举措是（　　）。

A. 在工矿企业实行民主改革

B. 建立人民代表大会制度

C. 发动群众参加整风运动

D. 成立全国政协

单 16. 1953 年到 1956 年，我国民主政治建设取得重大进展，其表现为（　　）。

A. 人民代表大会制度的确立

B. 过渡时期总路线实施

C. 全国政协成立

D. 提出“长期共存、互相监督、肝胆相照、荣辱与共”的方针

单 17. 新中国成立初期，世界主题转换为（　　），使中国能够专心致志地搞社会主义现代化建设。

A. 发展与脱贫　　B. 和平与发展

C. 发展与环保　　D. 和平与环保

单 18. 新中国成立初期，为恢复国民经济，振兴民族工业，中国共产党和人民政府采取的措施不包括（　　）。

A. 建立社会主义性质的国营经济

B. 接管私人资本主义企业

C. 合理调整工商业

D. 稳定物价

单 19. 新民主主义革命的胜利，社会主义基本制度的确立，为中国发展进步奠定了（　　）。

A. 主权国家的基础

B. 前提条件

C. 根本政治前提和制度基础

D. 基本制度基础

单 20. 社会主义的根本任务是（　　）。

A. 消灭剥削，消除两极分化

B. 解放和发展社会生产力

C. 实现共产主义

D. 达到共同富裕

单 21. 我国进入社会主义社会后，（　　）是最基本的情况。

A. 民营经济快速发展

B. 工农业生产遭到破坏

C. 生产力落后

D. 科学技术落后

单 22. 1956 年至 1966 年，我国石油工业的发展尤其突出，到（　　）已经实现原油的全部自给。

A. 1958 年　　B. 1960 年

C. 1965 年　　D. 1966 年

单 23. 又好又快发展，所谓“好”，就是要保持发展的（　　），使经济增长保持在一个比较合理的区间，防止出现大起大落。

A. 稳定性　　B. 效益性
C. 共享性　　D. 科学性

单 24. 回顾近代以来世界发展历程可以清楚看到，一个国家和民族的（　）能力，从根本上影响甚至决定国家和民族前途命运。

A. 军事　　B. 创新
C. 政治　　D. 文化

单 25. 一个国家能不能富强，一个民族能不能振兴，最重要的就是看这个国家、这个民族能不能（　），掌握历史前进的主动权。

A. 顺应时代潮流
B. 拥有雄厚军事实力
C. 经济飞速发展
D. 政治廉正清明

单 26.（　）是中国实现大国复兴的关键，也是中美大国博弈的焦点。

A. 技术革命　　B. 教育理念
C. 政治制度　　D. 文化传统

单 27. 1960 年中共中央对国民经济实行“调整、巩固、充实、提高”的八字方针，目的是（　）。

A. 解决反右斗争扩大化的问题

B. 纠正“大跃进”和人民公社化的错误

C. 解决社会主义改造的遗留问题

D. 落实《论十大关系》中提出的经济方针

单 28. 共享发展注重的是解决（　　）问题。

A. 发展内外联动　　B. 发展不平衡

C. 发展动力　　D. 发展中的社会公平正义

单 29. 新中国成立初期，提出要正确处理人民内部矛盾，主要是为了（　　）。

A. 开展整风运动，克服官僚主义

B. 维护社会的团结稳定

C. 团结一切力量建设社会主义

D. 巩固发展三大改造成果

单 30.（　　）是社会主义民主政治的本质要求。

A. 依法治国　　B. 人民当家作主

C. 中国共产党的领导　　D. 人民民主专政

单 31. 标志着中国共产党在实践中开始探索本国建设社会主义道路的文献是（　　）。

A.《毛泽东在中共七届二中全会上的报告》

B.《关于政治报告的决议》

C.《论十大关系》

D.《关于正确处理人民内部矛盾的问题》

单 32. 第一届全国人大召开以前，人民政协具有代行人大职权的功能，人民政协诞生的背景是（　）。

A. 反对内战的舆论不断高涨

B. 人民解放战争在全国范围内基本胜利

C.《共同纲领》被各民主党派广泛接受

D. 中华人民共和国成立

单 33. 创新要实，推动（　），更多靠产业化的创新来培育和形成新的增长点。

A. 原始创新　　B. 全面创新

C. 集成创新　　D. 产品创新

单 34. 下列史实，所处的历史时期最早的是（　）。

A. "一五"计划的完成

B. 中国代表团出席万隆会议

C. 中共八大的召开

D. 第一部《中华人民共和国宪法》的颁布

单 35. 与《中国人民政治协商会议共同纲领》相比，1954 年《中华人民共和国宪法》的新特点是（　）。

A. 规定国家的权利属于人民

B. 规定实行人民民主专政

C. 体现了社会主义原则

D. 规定实行民族区域自治

单 36. 构建人类命运共同体需要世界各国都走和平发展道路，共同努力构建新型国际关系，推进国际体系和国际秩序朝着更加（　）的方向变革。

A. 公正、合法　　B. 公正、合理

C. 客观、合理　　D. 客观、合法

单 37. 社会主义文艺是人民的文艺，必须坚持以（　）为中心的创作导向，在深入生活、扎根人民中进行无愧于时代的文艺创造。

A. 艺术　　B. 民族

C. 人民　　D. 社会

单 38. 第一个五年计划期间，钢铁、汽车、飞机等重要建设项目的完成，标志着（　）。

A. 社会主义工业化基础的初步奠定

B. "调整、巩固、充实、提高"的方针取得成效

C. 提前完成了过渡时期总路线规定的任务

D. 工商业的社会主义改造基本完成

单 39. 建设（　）是中华民族伟大复兴的基础工程。

A. 教育强国　　B. 科技强国

C. 文化强国　　D. 素质强国

单 40. 20 世纪 50 年代，我国推动国家政治民主建设的主要措施是（　）。

A. 在工矿企业实行民主改革

B. 建立人民代表大会制度

C. 发动群众参加整风运动

D. 成立全国政协

单 41. 标志着我国社会主义现代化建设史上伟大转折的会议是（　）。

A. 十一届三中全会　　B. 中共七大

C. 中共八大　　D. 中共十五大

单 42. 下列与农业合作化有关的表述，正确的是（　）。

A. 在农业合作化的高潮中，公布了过渡时期的总路线

B. 农业合作化完成后，国家开始对资本主义工商业进行社会主义改造

C. 农业合作化完成后，农村的土地所有制发生了变化

D. 农业合作化完成后，国家开始实行粮食统购统销政策

单 43. 首次明确规定人民代表大会制度为我国根本政治制度的法律文件为（　）。

A.《中国人民政治协商会议共同纲领》

B.《论十大关系》

C. 1954 年的《中华人民共和国宪法》

D. 1982 年的《中华人民共和国宪法》

单 44. 走（　），促进大中小城市和小城镇协调发展，有序转

移农村富余劳动力，这是提高农民收入和扩大内需的重要举措。

A. 中国特色城镇化道路

B. 中国特色农业现代化道路

C. 中国特色新型工业化道路

D. 中国特色城乡一体化道路

单 45.（　）是现阶段我国经济发展和经济工作的主线。

A. 优化经济结构

B. 推进供给侧结构性改革

C. 转变经济发展方式

D. 做大经济总量

单 46. 时代主题问题，是社会主义建设首先必须把握的（　）问题。

A. 重要战略　　B. 关键战略

C. 基本战略　　D. 基础战略

单 47. 中国传统安全观不包括（　）。

A. 忧患意识　　B. 和合思想

C. 天下情怀　　D. 权力至上

单 48. 下列各项为我国社会主义工业化奠定初步基础的是（　）。

A. 社会主义国营经济建立

B. 第一个五年计划

C. 国民经济得到恢复和发展

D. 资本主义工商业社会主义改造完成

单 49. 我国国家制度和国家治理体系具有坚持（　　）的发展思想，不断保障和改善民生、增进人民福祉，走共同富裕道路的显著优势。

A. 以经济建设为中心　　B. 以人民为中心

C. 改革创新　　D. 与时俱进

单 50.《中共中央关于构建社会主义和谐社会若干重大问题的决定》提出“坚持教育（　　），促进教育公平”的方针。

A. 平稳发展　　B. 跨越发展

C. 重点发展　　D. 优先发展

单 51. 全国土地改革完成后实行的土地制度是（　　）。

A. 农民个体所有，个体经营

B. 集体所有，集体经营

C. 集体所有，个体经营

D. 国家所有，个体经营

单 52. 在社会主义改造中实行和平赎买政策，实现了“和平过渡”，这是指（　　）。

A. 资本家由剥削者到劳动者的过渡

B. 初级国家资本主义到高级国家资本主义的过渡

C. 企业公私合营到全行业公私合营的过渡

D. 生产资料私有制到生产资料公有制的过渡

单 53.“公私兼顾，劳资两利，城乡互助，内外交流”的基本经济方针提出于（　）。

A. 建国初期

B. 社会主义改造时期

C. 全面建设社会主义时期

D. 改革开放时期

单 54.（　）是民族团结的重要保障。

A. 共同富裕　　B. 尊重风俗

C. 相互理解　　D. 法律

单 55.（　）问题，是社会主义建设首先必须把握的基本战略问题。

A. 经济基础与上层建筑的关系

B. 时代主题

C. 如何发展

D. 姓“资”姓“社”

单 56. 银行的本质就是金融的（　）精神。

A. 盈利　　B. 公正

C. 契约　　D. 合作

单 57. 中国第一个商业银行是（　）。

A. 中国通商银行　　B. 大清户部银行

C. 中国银行　　D. 中国人民银行

单 58.（　）是最大的政治，正义是最强的力量。

A. 利益　　B. 权力

C. 民心　　D. 权利

单 59. 对新闻媒体来说，内容创新、形式创新、手段创新都重要，但（　）是根本的。

A. 内容创新　　B. 形式创新

C. 手段创新　　D. 人才创新

单 60.（　）是民族振兴、社会进步的基石，是提高国民素质、促进人的全面发展的根本途径，寄托着亿万家庭对美好生活的期盼。

A. 科技　　B. 创新

C. 教育　　D. 文化

单 61. 我国发展仍处于并将长期处于重要战略（　）期。

A. 准备　　B. 合作

C. 机遇　　D. 依赖

单 62.（　）是指国际上通用的、用以衡量一个国家或地区居民收入差距的常用指标。

A. 恩格尔系数　　B. 基尼系数

C. 贝塔系数　　D. 劲度系数

单 63. 建立更加公平更可持续的社会保障制度，需要（　　）。

A. 实施全民参保计划

B. 划转部分国有资本充实社会保险基金

C. 实现职工基础养老金全国统筹

D. 全面实施城乡居民大病保险制度

单 64.《中共中央关于构建社会主义和谐社会若干重大问题的决定》中，宏观政策主要有（　　）。

A. 农村义务教育适当收费

B. 高等教育完全免费

C. 不整顿改制学校

D. 农村义务教育免费

单 65. 美丽中国，首先必须是（　　）。

A. 富裕中国　　B. 和谐中国

C. 生态中国　　D. 文明中国

单 66. 20 世纪中国经历了三次历史性巨变，其中第二次是指（　　）。

A. 辛亥革命的胜利和中华民国的成立

B. 新民主主义革命的胜利和人民民主专政制度的建立

C. 中华人民共和国的成立和社会主义制度的确立

D. 社会主义改造的完成和全面建设社会主义开始

单 67. 社会保障体系的核心内容是（　　）。

A. 社会救助　　　　　　B. 社会保险

C. 社会福利　　　　　　D. 社会优抚

多 68. 中共八大前后，探索社会主义建设道路过程中面临的主要问题是（　）。

A. 社会主义条件下的阶级斗争

B. 社会主义计划经济体制

C. 社会主义建设中的规模和速度

D. 改革、发展、稳定的关系

多 69. 新中国在 20 世纪 50 年代的主要外交活动有（　）。

A. 提出和平共处五项原则

B. 参加日内瓦会议

C. 参加万隆会议

D. 提出三个世界的理论

多 70. 我党带领人民完成社会主义革命，确立社会主义基本制度，推进社会主义建设，完成了中华民族有史以来最为广泛而深刻的社会变革，为当代中国一切发展进步奠定了（　）和（　）。

A. 根本政治前提　　　　　　B. 根本经济前提

C. 制度基础　　　　　　D. 物质基础

多 71. 社会主义初级阶段是（　）。

A. 对我国的国情正确认识后得出的科学结论

B. 对我国的社会发展阶段进行正确认识后得出的科学结论

C. 我党总结社会主义建设的历史经验

D. 我国从社会主义改造完成到基本实现社会主义现代化所经历的阶段

多 72. 中国共产党在社会主义初级阶段的基本路线为：领导和团结全国各族人民，以经济建设为中心，坚持四项基本原则，坚持改革开放，自力更生，艰苦创业，为把我国建设成为富强（　　）的社会主义现代化强国而奋斗。

A. 民主　　B. 文明

C. 和谐　　D. 美丽

多 73. 社会主义的本质为（　　）。

A. 解放生产力、发展生产力

B. 消灭剥削

C. 消除两极分化

D. 最终达到共同富裕

多 74. 社会主义改造基本完成以前，我国国民经济的主要成分包括（　　）。

A. 国营经济

B. 合作社经济

C. 个体经济

D. 私人资本主义经济

多 75. 社会主义民主是（　　）。

A. 所有人的民主

B. 历史上最广泛、最高类型的民主

C. 共产党领导下的民主

D. 与资本主义民主根本不同的民主

多 76. 1956 年至 1966 年涌现的时代榜样有（　　）。

A. 焦裕禄　　B. 王进喜

C. 欧阳海　　D. 雷锋

多 77. 全面建设社会主义时期的重要工程和科技成就有（　　）。

A. 原子弹爆炸成功

B. 人工合成牛胰岛素结晶成功

C. 大庆油田建成

D. 葛洲坝水利工程建成

多 78. 从 1949 年 10 月到 1956 年，基本完成社会主义改造，我国相继实现了（　　）两个历史性转变。

A. 从半殖民地半封建社会到民族独立、人民当家作主的新社会

B. 从资本主义社会到民族独立、人民当家作主的新社会

C. 从新民主主义到社会主义

D. 从旧民主主义到新民主主义

多 79. 民主集中制的“四个服从”原则为（　　）。

A. 党员个人服从党的组织

B. 少数服从多数

C. 下级组织服从上级组织

D. 全党各个组织和全体党员服从党的全国代表大会和中央委员会

多 80. 中共八届十中全会后，中共中央决定在农村开展社会主义教育活动。前期是“清账目、清仓库、清财务、清工分”的（　）；后期扩展为“清政治、清经济、清思想、清组织”，又称（　）运动。

A. 生产　　B. 小四清

C. 四清　　D. 社教

多 81. 中共八大坚持了1956年5月党中央提出的（　），即（　）的经济建设方针。

A. 既反保守又反冒进

B. 在综合平衡中稳步前进

C. 层层抬高计划指标

D. 利用国际缓和形势加快建设步伐

多 82. “五反”运动是指新中国成立初期开展的（　）、反盗窃国家经济情报的斗争。

A. 反行贿

B. 反偷税漏税

C. 反盗骗国家财产

D. 反偷工减料

多 83.“三反”运动是指新中国成立初期开展的（　）的运动。

A. 反行贿　　B. 反贪污

C. 反浪费　　D. 反官僚主义

多 84. 新中国成立初期，我国的社会主义改造对象是（　）。

A. 官僚资本主义

B. 农业

C. 手工业

D. 资本主义工商业

多 85. 新型国际关系的实质是（　）。

A. 以合作代替对抗

B. 以共赢代替独占

C. 不搞零和游戏和赢者通吃

D. 以对抗代替合作

多 86. 20 世纪 60 至 70 年代，我国在科学技术方面取得的重大成就是（　）。

A. 第一颗原子弹爆炸成功　　B. 籼型杂交水稻育成

C. 第一颗人造卫星发射成功　　D. 人工合成结晶牛胰岛素

多 87. 中国共产党在过渡时期的总路线包括（　）。

A. 实现对资本主义工商业的社会主义改造

B. 实现对农业的社会主义改造

C. 实现对手工业的社会主义改造

D. 实现国家的社会主义工业化

多 88. 十一届三中全会前，取得探索中国社会主义建设的重要成果包括（　　）。

A.《论十大关系》的发表

B. 中共八大召开及其重要决策

C.《关于正确处理人民内部矛盾的问题》的发表

D. “大跃进”运动的发动

多 89. 社会主义现代化包括（　　）等内容。

A. 人民生活更为宽裕

B. 中等收入群体比例明显提高

C. 现代社会治理格局基本形成

D. 社会充满活力又和谐有序

多 90. 要提高我国参与全球治理的能力，着力增强（　　）。

A. 规则制定能力　　B. 议程设置能力

C. 舆论宣传能力　　D. 统筹协调能力

多 91. 新中国成立初期，中央人民政府在西南等少数民族地区进行民主改革的主要任务是（　　）。

A. 废除剥削制度　　B. 消灭阶级压迫

C. 统一国家财政经济　　D. 建立社会主义经济

多 92. 社会公平保障体系包括（　）。

A. 制度公平　　B. 权利公平

C. 机会公平　　D. 规则公平

多 93. 经过土地革命，根据地农民获得的经济和政治利益是（　）。

A. 分到了田地　　B. 分到了地主的全部财产

C. 摆脱了封建剥削与债务　　D. 摆脱了政治压迫

多 94. 要把生物安全作为国家总体安全的重要组成部分，坚持（　）结合，加强疫病防控和公共卫生科研攻关体系和能力建设。

A. 平时和战时　　B. 预防和应急

C. 科研和救治防控　　D. 国内和国外

多 95. 海峡两岸的“三通”指（　）。

A. 通航　　B. 通商

C. 通邮　　D. 通船

多 96. 人类面临的许多共同挑战有（　）。

A. 世界经济增长动能不足

B. 贫富分化日益严重

C. 地区热点问题此起彼伏

D. 恐怖主义、网络安全、重大传染性疾病、气候变化等非传统安全威胁持续蔓延多 97. 探索创新人才的科学激励机制包括（　）等。

A. 科学设计薪酬激励体系，实现一流人才一流报酬

B. 增强事业激励，为高层次人才提供事业发展空间

C. 重视精神激励，增强创新人才的国家与社会担当

D. 改革人才评价机制，推行人才绩效的动态激励

多 98. 青年兴则国家兴，青年强则国家强。青年一代（　），国家就有前途，民族就有希望。

A. 有理想　　B. 有本领

C. 有担当　　D. 有责任

多 99. 促进人口均衡发展需要（　）。

A. 坚持计划生育的基本国策

B. 完善人口发展战略

C. 全面实施一对夫妇可生育两个孩子政策

D. 积极开展应对人口老龄化行动

多 100. 推进健康中国需要（　）。

A. 深化医药卫生体制改革

B. 理顺药品价格

C. 实行医疗、医保、医药联动

D. 实施食品安全战略

知识延伸

扫码闯关答题

单 1. 中国最早的产业工人产生于（　　）以后。

A. 中日甲午战争　　B. 中法战争

C. 第一次鸦片战争　　D. 第二次鸦片战争

单 2. 工人是指个人不占有生产资料，依靠（　　）为生的工业劳动或手工劳动者。

A. 补贴　　B. 奖金

C. 工资　　D. 股份

单 3. 1921 年 8 月 11 日，中国共产党在上海成立了第一个公开领导工人运动的机构（　　)。

A. 中华全国总工会　　B. 中国劳动协会

C. 中国劳动组合书记部　　D. 共产主义小组

单 4. 第一次全国劳动大会于 1922 年 5 月在（　　）召开。

A. 北京　　B. 广州

C. 哈尔滨　　D. 郑州

单 5. 1922 年 5 月，（　　）发起召开了第一次全国劳动大会。

A. 中国劳动协会　　B. 中国劳动组合书记部

C. 上海共产主义小组　　D. 中华全国总工会

单 6. 第一次全国劳动大会确定了（　）对全国工人运动的领导地位。

A. 中国共产党　　B. 中国国民党

C. 中国民主同盟　　D. 中国民主建国会

单 7. 1920 年 8 月以后，在出版的工人刊物中，用通俗的语言，向工人宣传马克思主义。这些刊物歌颂了（　）。

A. 劳工神圣　　B. 劳动神圣

C. 劳动光荣　　D. 劳工高尚

单 8. 中国共产党在 1921 年成立之后，把（　）作为党的工作重心，不到半年时间，就掀起了一个全国性的罢工高潮。

A. 学生运动　　B. 农民运动

C. 妇女运动　　D. 工人运动

单 9. 1922 年 9 月发生的安源路矿工人罢工是由（　）指挥的。

A. 毛泽东、刘少奇　　B. 毛泽东、李立三

C. 刘少奇、李立三　　D. 周恩来、刘少奇

单 10.（　）是中国工人运动首次蓬勃开展的一年，同时也是中国工会组织广泛发展的一年，因而这一年被称为“中华劳动运动纪元年”。

A. 1920 年　　B. 1921 年

C. 1922 年　　D. 1923 年

单 11. 在中华全国总工会成立以前，中国劳动组合书记部为全

国工人组织的（　）。

A. 总通讯机关　　B. 总指挥机关

C. 总机关　　D. 联络机关

单 12.（　）是中国工人阶级第一次直接和帝国主义进行针锋相对的斗争，也是中国共产党成立后，全国第一次罢工高潮的起点。

A. 香港海员大罢工　　B. 开滦煤矿大罢工

C. 安源路矿工人罢工　　D. 京汉铁路工人大罢工

单 13.《中国共产党第一个决议》提出了如何把工人组织起来，以及开展工人运动的工作原则。因此，又称为（　）。

A.《中国共产党第一个纲领》

B.《工人运动决议案》

C.《八小时工作制案》

D.《罢工援助案》

单 14. 1925 年 5 月 1 日，由（　）、汉冶萍总工会、中华海员工业联合总会和广州工人代表会发起，第二次全国劳动大会在广州召开。

A. 中华全国总工会　　B. 安源路矿工人俱乐部

C. 中国劳动组合书记部　　D. 全国铁路总工会

单 15. 二次劳大通过了《中华全国总工会总章》，第一条就明确规定“本会以（　）为宗旨”。

A. 团结劳工阶层，争取合理权益

B. 参与民主改革，促进社会繁荣

C. 团结全国工人、图谋工人福利

D. 以工人阶级为领导、工农联盟为基础

单 16. 在（　）中指出“倘若不联合农民，革命便难成功，农民要得到自身的解放，也只有与工人联络，才有可能”。

A.《工农联合的决议案》

B.《劳动运动决议案》

C.《劳动法案大纲》

D.《关于工会运动与共产党的决议案》

单 17. 中国工人阶级第一次以独立的姿态登上历史舞台是（　）。

A. 五卅运动　　B. 五四运动

C. 香港海员大罢工　　D. 开滦煤矿大罢工

单 18.（　）宣布成立中华全国总工会。

A. 第一次全国劳动大会　　B. 第二次全国劳动大会

C. 第三次全国劳动大会　　D. 第四次全国劳动大会

单 19. 中华全国总工会成立于（　）。

A. 1924 年　　B. 1925 年

C. 1926 年　　D. 1927 年

单 20.（　）从 1925 年 6 月起，至 1927 年 11 月止，共计两年

零四个月。此次罢工时间之长、组织之严密、策略之灵活和意义之深远，在中国工运史乃至世界工运史上都是少见的。

A. 香港海员大罢工　　B. 省港大罢工

C. 安源路矿工人罢工　　D. 京汉铁路工人大罢工

单 21.（　）是为了抗议军阀政府阻止工人成立京汉铁路总工会而爆发的一次影响最大的罢工。

A. 京汉铁路工人大罢工　　B. 香港海员大罢工

C. 省港大罢工　　D. 安源路矿工人罢工

单 22.（　）在广州召开第三次全国劳动大会。选举产生中华全国总工会新的领导机构，苏兆征当选委员长，项英当选副委员长，刘少奇当选秘书长。

A. 1925 年 5 月 1 日　　B. 1926 年 5 月 1 日

C. 1927 年 5 月 1 日　　D. 1928 年 5 月 1 日

单 23. 1927 年 6 月 19 日，在汉口召开（　）。陈独秀代表中共中央致辞。大会组成了以苏兆征为委员长、李立三为秘书长的新的中华全国总工会执行委员会。

A. 第二次全国劳动大会　　B. 第三次全国劳动大会

C. 第四次全国劳动大会　　D. 第五次全国劳动大会

单 24. 大革命失败后，各地工会开始转入地下活动。1927 年 9 月，中华全国总工会机关秘密迁到（　）。

A. 南京　　B. 济南

C. 郑州　　D. 上海

单 25. 1929 年 11 月 7 日，中华全国总工会在（　）秘密召开第五次全国劳动大会。项英当选委员长，林育南当选秘书长，罗登贤、罗章龙先后担任中共全总党团书记。

A. 哈尔滨　　B. 北京

C. 上海　　D. 西安

单 26. 1933 年初，中华全国总工会从（　）迁到（　），更名为中华全国总工会苏区中央执行局，刘少奇为委员长，陈云为副委员长、党团书记。

A. 上海、瑞金　　B. 上海、延安

C. 北京、上海　　D. 上海、北京

单 27. 1935 年 10 月，红军长征到达陕北后成立（　），刘少奇、刘长胜先后任委员长。

A. 中华全国总工会西北执行局

B. 中华全国总工会东北执行局

C. 中华全国总工会陕北执行局

D. 中华全国总工会苏区执行局

单 28. 1948 年 8 月，在哈尔滨召开的（　）全国劳动大会，决定恢复中华全国总工会。

A. 第五次　　B. 第六次

C. 第七次　　D. 第八次

单 29. 在第六次全国劳动大会期间，朱学范代表（　）声明作为团体会员加入中华全国总工会。

A. 中华工业协会　　B. 中华工界联合会

C. 广东机器工人维持会　　D. 中国劳动协会

单 30. 中华全国总工会六届三次执委会议决定，从第七次全国劳动大会起，将全国劳动大会改称为（　）。

A. 工会代表大会　　B. 全国工会代表大会

C. 中国工会全国代表大会　　D. 全国工会大会

单 31. 中华全国总工会机关 1948 年 12 月迁到（　），1949 年 3 月迁到（　）。

A. 北平、沈阳　　B. 沈阳、北平

C. 南京、北平　　D. 武汉、沈阳

单 32. 1949 年 11 月，中国劳动协会在北京召开代表会议，决定结束其组织，实现了全国工会运动在（　）上的完全统一。

A. 形式　　B. 机构

C. 组织　　D. 行动

单 33. 新中国第一部《工会法》颁布于（　）。

A. 1950 年 6 月　　B. 1951 年 6 月

C. 1952 年 6 月　　D. 1953 年 6 月

单 34. 1957 年，（　）修改了工会章程，将工会的产业组织原则修改为“按产业和地区相结合的原则组建工会”。

A. 中国工会第七次全国代表大会

B. 中国工会第八次全国代表大会

C. 中国工会第九次全国代表大会

D. 中国工会第十次全国代表大会

单 35. 1958 年 8 月，中华全国总工会八届二次执委会议选举（　）为主席，（　）为副主席。

A. 刘宁一、李颉伯　　B. 赖若愚、李颉伯

C. 李立三、赖若愚　　D. 刘宁一、李立三

单 36. 新中国成立初期，恢复和发展生产是中国工人和工会的中心任务，“努力恢复和发展生产是工人阶级的（　），也是工会工作的最基本的任务”。

A. 最高利益　　B. 最高权利

C. 首要任务　　D. 根本任务

单 37. 坚持中国特色社会主义工会维权观，就是要以职工为本主动维权、依法维权、（　）。

A. 切实维权　　B. 认真维权

C. 科学维权　　D. 积极维权

单 38. 中国特色社会主义工会发展道路与中国特色社会主义道路是（　）的关系。

A. 局部和整体　　B. 整体和局部

C. 个别和全体　　D. 全体和个别

单 39. 1978 年 10 月召开了中国工会第九次全国代表大会，修改通过了（　），规定中华全国总工会是各地区工会组织和各产业工会全国组织的最高领导机关。

A.《工会法》　　B.《劳动法》

C.《中国工会章程》　　D.《劳动合同法》

单 40. 1978 年 4 月，中华全国总工会（　）执委扩大会议召开，标志着中华全国总工会工作开始（　）。

A. 八届六次、全面恢复　　B. 八届七次、全面恢复

C. 八届七次、部分恢复　　D. 八届八次、部分恢复

单 41. 1978 年（　），中国工会第九次全国代表大会在（　）召开。马纯古致开幕词，邓小平代表党中央、国务院致词。

A. 9 月 11 日　上海　　B. 10 月 11 日　北京

C. 11 月 11 日　天津　　D. 12 月 11 日　北京

单 42. 1978 年 10 月 11 日，中国工会（　）全国代表大会的召开标志着中国工人运动开始进入改革开放新时期。

A. 第九次　　B. 第十次

C. 第十一次　　D. 第十二次

单 43. 中华全国总工会于 1979 年 2 月在北京召开了九届二次常委（扩大）会议。这次会议着重研究了工会如何围绕（　）这个中心，做好群众工作、做好工会工作的问题。

A. 经济建设　　B. 工业建设

C. 文化建设　　D. 四化建设

单 44. 1979年起按《工会法》规定，由基层行政拨缴工会经费，工会（　）恢复独立。

A. 经费　　B. 活动

C. 组织　　D. 工作

单 45. 1983年10月，（　）在北京举行。

A. 中国工会第九次全国代表大会

B. 中国工会第十次全国代表大会

C. 中国工会第十一次全国代表大会

D. 中国工会第十二次全国代表大会

单 46. 中国工会第十次全国代表大会通过的新的《中国工会章程》，专设（　）一章，这是过去工会章程从未有过的。

A. 工会干部

B. 工会积极分子

C. 工会干部和工会积极分子

D. 工会小组

单 47. 从中国工会第十次全国代表大会起，新设了（　）职务。

A. 书记处书记

B. 书记处第一书记

C. 经费审查委员会主任

D. 经费审查委员会副主任

单 48.（　），中国工会第十一次全国代表大会在北京举行。

A. 1988 年 10 月 22 日　　B. 1989 年 10 月 22 日

C. 1988 年 11 月 20 日　　D. 1989 年 11 月 20 日

单 49. 中国工会第十一次全国代表大会，明确提出要把以经济建设为中心，在维护全国人民总体利益的同时，更好地（　）职工群众的具体利益，作为中国工人运动和工会工作的一项基本指导原则。

A. 服务　　B. 维护

C. 表达和维护　　D. 表达

单 50. 1988 年 10 月，中国工会第十一次全国代表大会通过了《工会改革的基本设想》，确定了工会的四项社会职能是（　）。

A. 维护、建设、参与、教育

B. 维权、建设、参与、教育

C. 改革、建设、参与、教育

D. 保障、建设、参与、教育

单 51. 从工会九大到工会十一大，中国工会工作的基本方针：以经济建设为中心，切实维护职工的（　）和（　）。

A. 民主权利、切身利益

B. 合法权利、切身利益

C. 合法权利、全部利益

D. 民主权利、全部利益

单 52. 1991 年末，中华全国总工会作出决定：1992 年元旦春节期间，在全国范围开展（　）。

A. 金秋助学活动　　B. 农民工平安返乡

C. 送温暖活动　　D. 大病医疗补助

单 53. 1993 年 10 月 24 日，中国工会（　）全国代表大会在北京举行。

A. 第十一次　　B. 第十二次

C. 第十三次　　D. 第十四次

单 54. 1994 年 7 月，（　）颁布并于 1995 年 1 月 1 日起正式实施。中华全国总工会以此为契机，及时提出新的工会工作总体思路。

A.《中华人民共和国工会法》

B.《女职工劳动保护特别规定》

C.《中华人民共和国劳动法》

D.《中华人民共和国劳动合同法》

单 55. 中国工会第十二次全国代表大会指出，当前深化企业改革、转换国有企业特别是大中型企业的（　），是摆在工会面前的一个重大课题。

A. 管理职能　　B. 管理机制

C. 经营模式　　D. 经营机制

单 56. 中国工会第十二次全国代表大会之后，抓住贯彻和实施《劳动法》的契机，进一步加大对劳动关系的协调力度，突出工会的（　），明确了工会在社会主义市场经济条件下的基本任务。

A. 维权职能　　B. 维护职能

C. 服务职能　　D. 教育职能

单 57.（　），中国工会第十三次全国代表大会在北京举行。

A. 1998 年 10 月 19 日　　B. 1999 年 10 月 19 日

C. 1998 年 9 月 19 日　　D. 1999 年 9 月 19 日

单 58.（　）是 20 世纪 90 年代末最热门的话题之一，是改善和加强基层政治民主建设的重要标志。

A. 厂务公开　　B. 民主监督

C. 民主管理　　D. 政务公开

单 59. 2004 年 12 月，中华全国总工会召开第十四届二次执委会议，把（　）确定为工会工作方针。

A. 以职工为本，主动依法科学维权

B. 组织起来，切实维权

C. 切实维护职工权益

D. 竭诚为职工群众服务

单 60. 2005 年 9 月 15 日至 16 日，中华全国总工会在（　）召开了全国工会维权机制建设经验交流会议。

A. 浙江省宁波市　　　　B. 浙江省义乌市

C. 浙江省杭州市　　　　D. 江苏省南京市

单 61. 改革开放特别是建立社会主义市场经济体制以来，各级工会围绕建立稳定和谐的劳动关系进行大胆探索和创新，为牢固树立（　）奠定了实践基础。

A. 中国特色社会主义工会发展道路

B. 中国特色社会主义工会维权观

C. 社会主义发展道路

D. 中国特色社会主义发展道路

单 62. 2008 年 10 月，（　）召开，大会报告具体阐述了坚持走中国特色社会主义工会发展道路、建设中国特色社会主义工会问题，要求全面把握“五个坚持”和“四个必须”。

A. 中国工会第十二次全国代表大会

B. 中国工会第十三次全国代表大会

C. 中国工会第十四次全国代表大会

D. 中国工会第十五次全国代表大会

单 63. 工人阶级是我国的领导阶级，坚持和发展中国特色社会主义，必须（　）。

A. 坚持以经济建设为中心

B. 全心全意依靠工人阶级

C. 竭诚为职工群众服务

D. 维护职工群众切身利益

单 64. 工会会员最基本和最重要的权利是（　　）。

A. 批评权

B. 监督权

C. 言论自由权

D. 选举权、被选举权和表决权

单 65. 坚持走中国特色社会主义工会发展道路是由（　　）、工会组织的性质、工会工作在大局中的作用决定的。

A. 我国经济体制　　B. 我国工人阶级的地位

C. 我国政治体制　　D. 我国经济政策

单 66. 2013 年 10 月 18 日，中国工会（　　）全国代表大会在北京举行。

A. 第十五次　　B. 第十六次

C. 第十七次　　D. 第十八次

单 67. 工会工作做得好不好、有没有取得明显成效，关键看有没有坚持正确的（　　）。

A. 政治方向　　B. 思想方向

C. 经济方向　　D. 文化方向

单 68.（　　）于 2015 年 7 月 6 日在北京召开。

A. 中央经济工作会议　　B. 中共中央政治局会议

C. 中央党的群团工作会议　　D. 中共中央工作会议

单 69. 群众路线是党的生命线和根本工作路线，也应该成为（　）的生命线和根本工作路线。

A. 群团工作　　B. 工会工作

C. 职工工作　　D. 三工工作

单 70.《工会法》规定：“中华全国总工会、地方总工会、产业工会具有社会团体法人资格。（　）组织具备民法通则规定的法人条件的，依法取得社会团体法人资格。”

A. 企业工会　　B. 事业单位工会

C. 基层工会　　D. 其他工会

单 71.《中国工会章程》规定：工会的最高领导机关，是（　）。

A. 中华全国总工会

B. 中华全国总工会执行委员会

C. 工会的全国代表大会和它所产生的中华全国总工会执行委员会

D. 工会的全国代表大会

单 72. 工会会员大会或者会员代表大会的职权之一是（　）工会工作的重大问题。

A. 讨论建设　　B. 贯彻执行

C. 讨论决定　　D. 研究讨论

单 73. 企事业工会工作的原则是（　）。

A.“合作互利，促进发展”

B.“促进企事业发展，维护职工权益”

C.“共同发展，争取共赢”

D.“合作互利，争取共赢”

单 74. 企业、事业单位工会委员会是职工代表大会（　　）机构。

A. 权利　　B. 办事

C. 活动　　D. 工作

单 75. 职工 200 人以上企业、事业单位的工会，（　　）。

A. 应当设专职工会主席

B. 不必设专职工会主席

C. 设专职工会主席

D. 应当设兼职工会主席

单 76. 经工会基层委员会或者（　　）的工会会员提议，可以召开工会会员大会或者会员代表大会，讨论决定工会工作的重大问题。

A. 二分之一以上　　B. 三分之二以上

C. 三分之一以上　　D. 四分之一以上

单 77. 经审会应当每年向（　　）报告审计结果和整改落实情况。

A. 上级工会　　B. 同级工会委员会

C. 会员代表大会　　D. 工会代表大会

单 78. 中国工会全国代表大会一般每（　　）年召开一次。

A. 五　　B. 四

C. 三　　D. 二

单 79. 中国工会第十七次全国代表大会于 2018 年（　）在北京人民大会堂召开。

A. 10 月 22 日　　B. 10 月 23 日

C. 11 月 22 日　　D. 11 月 23 日

单 80. 中国工会第十七次全国代表大会报告用（　）对习近平总书记关于工人阶级和工会工作的重要论述进行了概括。

A. “五个坚持”　　B. “六个坚持”

C. “七个坚持”　　D. “八个坚持”

单 81. 中国工会第十七次全国代表大会对《中国工会章程》进行了适当修改，将（　）与马克思列宁主义、毛泽东思想、邓小平理论、“三个代表”重要思想、科学发展观一道，确立为中国工会的指导思想。

A. 习近平新时代中国特色社会主义思想

B. 新时代中国特色社会主义思想

C. 中国特色社会主义思想

D. 社会主义思想

单 82. 中国工会国际工作的方针，是独立自主、互相尊重、求同存异、加强合作、（　）。

A. 促进友谊　　B. 增进友谊

C. 增强友谊　　D. 发展友谊

单 83. 1949 年 11 月 16 日至 12 月 1 日，世界工联在北京举行了（　），这是新中国成立后首次在中国举行的工会国际会议。

A. 亚洲工会代表会议

B. 澳洲工会代表会议

C. 亚洲、澳洲工会代表会议

D. 亚洲、非洲工会代表会议

单 84. 中国工会是通过（　）走向国际工运舞台，并主要通过这个渠道发展对外关系的。中国工会从参加世界工联一开始就坚持（　）的方针，把反映殖民地半殖民地新兴独立国家工会运动的情况和要求、维护它们的利益，作为自己的重要职责。

A. 世界工联　独立自主

B. 自由工联　独立自主

C. 世界工联　经济独立

D. 自由工联　经济独立

单 85.（　）的方针，是中国工会长期国际活动正反两方面历史经验的科学总结，也是中国工会适应当代国际工人运动新特点的反映。它的完整确立，标志着中国工会对外政策的成熟。

A. "独立自主、全面联系"　B. "独立自主、广泛联系"

C. "平等协作、独立自主"　D. "团结互助、平等独立"

单 86. 2011年，在瑞士日内瓦举行的（　）上，中国工会代表、中华全国总工会书记处书记江广平以99票的高票数，成功当选国际劳工组织理事会工人组正理事。

A. 第98届国际劳工大会

B. 第99届国际劳工大会

C. 第100届国际劳工大会

D. 第101届国际劳工大会

多 87. 中国工会牢牢把握（　）这一各国工会面临的主题，高举和平、发展、合作、工人权益的旗帜，不断增进与各国工会的互利互助，树立中国工会开放务实、与时俱进的新形象，赢得世界上更多工会组织的理解和支持。

A. 维护世界和平

B. 促进共同发展

C. 开展对话合作

D. 捍卫工人权益

多 88. 中国劳动组合书记部在上海成立总部之后，又相继在北京、（　）、上海等地设立了分部机构。

A. 长沙　　B. 武汉

C. 广州　　D. 济南

多 89. 抗日战争时期，党在国民党统治区实行（　）的工人运动方针。

A. 荫蔽精干　　B. 长期埋伏

C. 积蓄力量　　D. 以待时机

多 90. 抗日战争时期，党在农村革命根据地实行（　）的工人运动方针。

A. 发展生产　　B. 繁荣经济

C. 公私兼顾　　D. 劳资两利

多 91. 到 1957 年底，第一个五年计划超额完成，工人运动为新中国经济建设创造出辉煌业绩、作出巨大贡献。各级工会组织发动职工开展劳动竞赛、（　），积累了许多成功的经验。

A. 合理化建议　　B. 技术革新

C. 先进生产者运动　　D. 读书活动

多 92. 1989 年 7 月，中华全国总工会十一届三次主席团（扩大）会议作出《动员全国职工深入开展“双增双节”运动》的决议，各级工会响应决议号召，充分发动和依靠广大职工群众，坚持抓好（　）工作。

A. 勤俭节约　　B. 增产增收

C. 增产节约　　D. 增收节支

多 93. 中国工会坚持独立自主的立场，在同各国工会关系上，主张超越意识形态的差异和所属国际工会组织的不同，在（　）的原则基础上，广泛发展同各国工会的友好关系。

A. 独立　　B. 平等

C. 互相尊重　　　　　　　　D. 互不干涉内部事务

多 94. 2017 年 2 月 6 日，十八届中央全面深化改革领导小组第三十二次会议，审议通过（　）。会议指出，要从巩固党的执政基础的高度，从促进我国经济社会持续健康发展的高度，加快产业工人队伍建设改革。

A.《中国工会章程》

B.《新时期产业工人队伍建设改革方案》

C.《关于全国总工会改革试点工作总结报告》

D.《关于落实习总书记重要指示加强基层工会建设调研情况的报告》

多 95. 各群团组织结合自身实际，紧紧围绕增强（　），直面突出问题，采取有力措施，敢于攻坚克难，注重夯实群团工作基层基础，努力开创党的群团工作新局面。

A. 政治性　　　　　　　　B. 先进性

C. 群众性　　　　　　　　D. 服务型

多 96. 2018 年 4 月 30 日，习近平总书记给中国劳动关系学院劳模本科班学员回信，高度肯定劳动模范为党和国家事业发展作出的突出贡献，殷切期望广大劳动模范（　），用干劲、闯劲、钻劲鼓舞更多的人争做新时代的奋斗者。

A. 珍惜荣誉　　　　　　　　B. 努力学习

C. 继续拼搏　　　　　　　　D. 再创佳绩

多 97. 中国工会第十七次全国代表大会的主题是：以习近平新时代中国特色社会主义思想为指导，坚持走中国特色社会主义工会发展道路，（　）为决胜全面建成小康社会、夺取新时代中国特色社会主义伟大胜利而奋斗。

A. 坚持工人阶级领导地位

B. 忠诚党的事业

C. 竭诚服务职工

D. 团结动员亿万职工

多 98. 中国工会第十七次全国代表大会的重要成果，就是把（　）确立为中国工会的指导思想，把习近平总书记（　）确定为新时代工运事业和工会工作创新发展的行动指南。

A. 中国特色社会主义思想

B. 习近平新时代中国特色社会主义思想

C. 关于工人阶级和工会工作的重要论述

D. 关于工人阶级的重要论述

多 99. 中国工会第十七次全国代表大会报告确定的主题阐明了新时代工会工作的（　），适应新的形势发展，符合党的要求和职工的期望。

A. 指导思想　B. 发展道路

C. 使命担当　D. 奋斗目标

多 100. 修订后的《中国工会章程》明确提出中国工会“把握为

实现中华民族伟大复兴的中国梦而奋斗的工人运动时代主题”“弘扬（ ）”等内容。

A. 劳模精神　　B. 劳动精神

C. 工匠精神　　D. 服务精神

参考答案

党史答题篇

1.C	2.B	3.C	4.C	5.C
6.C	7.B	8.D	9.C	10.D
11.B	12.A	13.B	14.B	15.D
16.A	17.C	18.A	19.A	20.D
21.C	22.A	23.A	24.B	25.A
26.B	27.D	28.B	29.B	30.B
31.C	32.C	33.B	34.B	35.C
36.C	37.C	38.D	39.B	40.B
41.A	42.B	43.C	44.D	45.C
46.B	47.B	48.B	49.A	50.A
51.B	52.B	53.B	54.A	55.A
56.C	57.C	58.B	59.C	60.A
61.D	62.A	63.A	64.D	65.D
66.C	67.B	68.A	69.A	70.D
71.D	72.D	73.A	74.D	75.C
76.C	77.D	78.ABD	79.ABCD	80.ABC

81.ABCD	82.BC	83.ABCD	84.AB	85.ABC
86.ABCD	87.BCD	88.ABCD	89.BCD	90.ABCD
91.ABCD	92.AB	93.AB	94.ABCD	95.BC
96.ABC	97.ABC	98.BC	99.ABCD	100.ABCD

新中国史答题篇

1.B	2.A	3.C	4.A	5.C
6.B	7.A	8.C	9.D	10.C
11.D	12.A	13.A	14.C	15.C
16.D	17.B	18.A	19.D	20.D
21.A	22.B	23.A	24.B	25.C
26.B	27.B	28.B	29.A	30.C
31.D	32.B	33.D	34.B	35.C
36.A	37.A	38.C	39.B	40.A
41.C	42.A	43.A	44.A	45.B
46.A	47.C	48.A	49.D	50.C
51.B	52.D	53.B	54.C	55.C
56.B	57.B	58.A	59.B	60.A
61.C	62.B	63.A	64.C	65.C
66.A	67.B	68.C	69.A	70.D
71.A	72.C	73.C	74.A	75.B

76.B	77.A	78.B	79.A	80.B
81.A	82.A	83.D	84.B	85.C
86.ACD	87.AB	88.AD	89.ABC	90.BCD
91.AD	92.ABD	93.ABCD	94.ABCD	95.ABCD
96.ABCD	97.ABD	98.ABC	99.ABCD	100.ABC

改革开放史答题篇

1.A	2.C	3.C	4.C	5.B
6.A	7.B	8.B	9.C	10.B
11.A	12.C	13.C	14.A	15.B
16.C	17.B	18.B	19.B	20.A
21.C	22.A	23.A	24.A	25.A
26.C	27.C	28.B	29.A	30.C
31.C	32.B	33.A	34.D	35.B
36.B	37.C	38.C	39.C	40.D
41.C	42.C	43.A	44.B	45.B
46.D	47.A	48.D	49.B	50.A
51.A	52.A	53.D	54.A	55.A
56.B	57.C	58.D	59.C	60.A
61.D	62.B	63.D	64.D	65.D
66.D	67.A	68.D	69.D	70.C

71.ABCD	72.ABCD	73.AB	74.ABCD	75.ABCD
76.ABCD	77.ABCD	78.ABCD	79.ABCD	80.AB
81.ABC	82.ABC	83.ABCD	84.BCD	85.ABCD
86.ABCD	87.ABCD	88.BCD	89.ABC	90.ABCD
91.ABCD	92.BCD	93.ABCD	94.AB	95.ABCD
96.ABC	97.ABCD	98.BCD	99.ABCD	100.ABC

社会主义发展史答题篇

1.C	2.C	3.C	4.A	5.B
6.C	7.B	8.C	9.C	10.D
11.B	12.C	13.B	14.C	15.B
16.A	17.B	18.B	19.C	20.B
21.C	22.A	23.A	24.B	25.A
26.A	27.B	28.D	29.C	30.B
31.C	32.B	33.B	34.D	35.C
36.B	37.C	38.A	39.A	40.B
41.A	42.C	43.C	44.A	45.B
46.C	47.D	48.B	49.B	50.D
51.A	52.D	53.A	54.D	55.B
56.C	57.C	58.C	59.A	60.C
61.C	62.B	63.A	64.D	65.C

66.C	67.B	68.AC	69.ABC	70.AC
71.ABCD	72.ABCD	73.ABCD	74.ABCD	75.BCD
76.ABCD	77.ABC	78.AC	79.ABCD	80.BC
81.AB	82.ABCD	83.BCD	84.BCD	85.ABC
86.ABCD	87.ABCD	88.ABC	89.ABCD	90.ABCD
91.ABD	92.BCD	93.ACD	94.ABC	95.ABC
96.ABCD	97.ABCD	98.ABC	99.ABCD	100.ABCD

知识延伸

1.C	2.C	3.C	4.B	5.B
6.A	7.A	8.D	9.C	10.C
11.A	12.A	13.B	14.D	15.C
16. A	17.B	18.B	19.B	20.B
21.A	22.B	23.C	24.D	25.C
26. A	27. A	28.B	29.D	30.C
31.B	32.C	33.A	34.B	35.A
36.A	37.C	38.A	39.C	40.B
41.B	42.A	43.D	44.A	45.B
46.C	47.B	48.A	49.C	50.A
51.A	52.C	53.B	54.C	55.D
56.B	57.A	58.A	59.B	60.B

61.B	62.D	63.B	64.D	65.B
66.B	67.A	68.C	69.B	70.C
71.C	72.C	73.B	74.C	75.C
76.C	77.B	78.A	79.A	80.D
81.A	82.B	83.C	84.A	85.B
86.C	87.ABCD	88.ABCD	89.ABCD	90.ABCD
91.ABC	92.CD	93.ABCD	94.BC	95.ABC
96.ABCD	97.BCD	98.BC	99.ABCD	100.ABC

模拟卷

扫码进行线上
模拟